U0516660

A BRIEF HISTORY

鲜卑简史

李振峰 著

OF XIANBEI

中华书局

图书在版编目(CIP)数据

鲜卑简史/李振峰著. —北京:中华书局,2021.5(2025.1重印)
ISBN 978-7-101-15127-5

Ⅰ.鲜… Ⅱ.李… Ⅲ.鲜卑－民族历史－中国 Ⅳ.K289

中国版本图书馆 CIP 数据核字(2021)第 048398 号

书　　名	鲜卑简史
著　　者	李振峰
责任编辑	傅　可
装帧设计	刘　丽
责任印制	陈丽娜
出版发行	中华书局
	(北京市丰台区太平桥西里 38 号　100073)
	http://www.zhbc.com.cn
	E-mail:zhbc@zhbc.com.cn
印　　刷	河北新华第一印刷有限责任公司
版　　次	2021 年 5 月第 1 版
	2025 年 1 月第 2 次印刷
规　　格	开本/920×1250 毫米　1/32
	印张7⅛　插页 2　字数 120 千字
印　　数	4001-5000 册
国际书号	ISBN 978-7-101-15127-5
定　　价	36.00 元

目　录

第一章

鲜卑历史的开篇

第一节　大兴安岭——鲜卑族早期历史展开的地理空间

在正式开始鲜卑史的讲述之前，我们有必要先展开一个巨大的时空框架，以期从渺茫的历史时空中寻找鲜卑族历史的坐标。

一、嘎仙洞与大鲜卑山——一段历史公案的考古探寻

《三国志·魏书·乌丸鲜卑东夷传》裴松之注引王沈《魏书》："鲜卑亦东胡之余也，别保鲜卑山，因号焉。"

《后汉书·乌桓鲜卑列传》："鲜卑者，亦东胡之支也，别依鲜卑山，故因号焉。"

根据史书的记载，鲜卑山是鲜卑族的起源地，鲜卑族的称呼即来源于鲜卑山。

史籍记载的鲜卑山有多处，诸如大鲜卑山、棘城鲜卑山、塞外鲜卑山、阿干鲜卑山等。那么，鲜卑族起源地的"鲜卑山"究竟是指哪一座呢？长期以来，这个问题一直困扰着鲜卑史学者，也成为鲜卑史研究的一个谜题。

在确定鲜卑发源地的研究过程中，《魏书》中的三段记载引起了学者们的特别注意。

《魏书·序纪》载：

> 昔黄帝有子二十五人，或内列诸华，或外分荒服，昌意少子，受封北土，国有大鲜卑山，因以为号。其后，世为君长，统幽都之北，广漠之野，畜牧迁徙，射猎为业，淳朴为俗，简易为化，

不为文字，刻木纪契而已，世事远近，人相传授，如史官之纪录焉。黄帝以土德王，北俗谓土为托，谓后为跋，故以为氏。其裔始均，入仕尧世，逐女魃于弱水之北，民赖其勤，帝舜嘉之，命为田祖。爰历三代，以及秦汉，獯鬻、猃狁、山戎、匈奴之属，累代残暴，作害中州，而始均之裔，不交南夏，是以载籍无闻焉。

《魏书·礼志四之一》载：

魏先之居幽都也，凿石为祖宗之庙于乌洛侯国西北。自后南迁，其地隔远。真君中，乌洛侯国遣使朝献，云石庙如故，民常祈请，有神验焉。其岁，遣中书侍郎李敞诣石室，告祭天地，以皇祖先妣配。祝曰："天子焘谨遣敞等用骏足、一元大武，敢昭告于皇天之灵。自启辟之初，祐我皇祖，于彼土田。历载亿年，聿来南迁。惟祖惟父，光宅中原。克翦凶丑，拓定四边。冲人篡业，德声弗彰。岂谓幽遐，稽首来王。具知旧庙，弗毁弗亡。悠悠之怀，希仰余光。王业之兴，起自皇祖。绵绵瓜瓞，时惟多祜。敢以丕功，配飨于天。子子孙孙，福禄永延。"

敞等既祭，斩桦木立之，以置牲体而还。

《魏书·乌洛侯传》载：

乌洛侯国，在地豆于之北，去代都四千五百余里。……世祖真君四年来朝，称其国西北有国家先帝旧墟，石室南北九十步，东西四十步，高七十尺，室有神灵，民多祈请。世祖遣中书侍郎李敞告祭焉，刊祝文于室之壁而还。

根据《魏书·序纪》的记载，拓跋鲜卑自以为是黄帝后裔，这是典型的附会之说，早已为学界所共知。但《魏书·序纪》言鲜卑"国有大鲜卑山，因以为号"，又言鲜卑"世为君长，统幽都之北，广漠之野"，却值得特别注意。据《魏书·礼志四之一》和《魏书·乌洛侯列传》记述，拓跋鲜卑的先祖生活在"幽都"鲜卑山附近的时候，曾经开凿石室以为祖宗之庙。在拓跋鲜卑南迁建国之后，由于远离故土已长达数百年，拓跋鲜卑已经不知道这个祖宗之庙的具体位置了。北魏太武帝太平真君四年（443），生活在大兴安岭的乌洛侯人遣使向北魏朝贡。使者禀告北魏皇帝说，在乌洛侯人居住的西北地区有拓跋先祖留下的石室旧墟，并称拓跋人的祖宗石室依然存在，"石室南北九十步，东西四十步，高七十尺"，并常有附近的百姓前去祷告祝拜。于是，北魏太武帝派遣中书侍郎李敞远赴大兴安岭北麓，去考察乌洛侯人所说的拓跋人的祖宗石庙。李敞不仅找到了所谓的祖宗石庙，还在这里举行了祭祀天地的仪式，并在石庙中"刊祝文于室之壁"，这就有了《魏书》中的历史提示，李敞在石室刊刻的祝文，无疑成了寻找鲜卑山的重要线索。

1980年夏，学者米文平经过多次调查和反复考证，终于在大兴安岭嘎仙洞的石壁上，找到了北魏太平真君四年太武帝拓跋焘派遣中书侍郎李敞至"鲜卑山"的祭祖祝文石刻。嘎仙洞位于今内蒙古自治区呼伦贝尔市鄂伦春自治旗阿里河镇西北约10公里、大兴安岭北段顶巅的东麓，地理坐标为北纬50°38′，东经120°36′，海拔520米左右，这一带山势突兀，峰峦叠嶂，古木参天，松桦蔽日。嘎仙洞就在一道高达百米的陡峭的花岗岩峭壁之上，距地面约25米。洞口西南向，略呈三角形，高12米，底宽19米。方向朝南略偏西，洞内宽敞宏伟如大厅，南北深90多米，东西宽27米许，洞顶最高处达20余米，面积约2000平方米，可容纳千人共聚，相传为仙人洞府。

嘎仙洞的石刻文字与《魏书·礼志》中的祝文除个别字句稍有差异外，内容基本是相同的。依据原行款，嘎仙洞的石刻祝文如下[①]：

> 维太平真君四年癸未岁七月廿五日，天子臣焘，使谒者仆射库六官，中书侍郎李敞、傅䌷，用骏足、一元大武、柔毛之牲，敢昭告于皇天之神：
>
> 启辟之初，佑我皇祖，于彼土田。历载亿年，聿来南迁。应受多福，光宅中原。惟祖惟父，拓定四边。庆流后胤，延及冲人。阐扬玄风，增构崇堂。剋翦凶丑，威暨四荒。幽人忘遐，稽首来王。始闻旧墟，爰在彼方。悠悠之怀，希仰余光。王业之兴，起自皇祖。绵绵瓜瓞，时维多祜。
>
> 归以谢施，推以配天。子子孙孙，福禄永延。
>
> 荐于：皇皇帝天，皇皇后土，以皇祖先可寒配，皇妣先可敦配。

---

①米文平：《嘎仙洞北魏石刻祝文考释》，《中国魏晋南北朝史学会成立大会暨首届学术讨论会论文集》，1984年6月30日。

尚飨！

　　东作帅使念凿。

　　将石刻祝文与《魏书·礼志》所载祝文相对照，会发现二者在总体文字和内容上大体相符。至于《魏书·礼志》对嘎仙洞石刻文字的改动，实际是北魏后来礼制更迭的缘故[1]。米文平因此断定，嘎仙洞石刻即《魏书·礼志》所载李敞祭祖之石刻祝文无疑，大兴安岭就是大鲜卑山无疑。

　　然而，李敞找到的"嘎仙洞"真的就是北魏先祖的石室祖庙吗？乌洛侯使者的话可信吗？其中似乎还有众多的疑点。学者陶克涛就说："嘎仙洞是真的，刊刻在洞内的祝文也是真的，而所谓祖宗之庙，并因此而推定这里就是拓跋人的起源地，确是可疑的。"[2]从学界目前的研究来看，其疑点有四：

　　疑点之一，从嘎仙洞石刻的内容来看，在乌洛侯使者到达北魏朝贡以前，北魏人的历史记忆中似乎并没有这么一处石室祖庙的存在，以致在石刻铭文中留下了"始闻旧墟"的文辞。另外，《魏书·序纪》中只谈到"国有大鲜卑山"，而完全未提及"祖庙"一事。这就证明，在乌洛侯使者到来之前，拓跋鲜卑并不知道有这样一处"祖庙"。既然作为拓跋鲜卑后裔的北魏人不知道"石室祖庙"之事，那么就有被误导、误认的可能[3]。

---

①刘昭棣：《嘎仙洞北魏石刻祝文再考》，《中国蒙古史学会论文选集》，1983年8月16日。
②陶克涛：《论嘎仙洞刻石》，《民族研究》1991年第6期。
③吴岩松：《鲜卑起源、发展的考古学研究》，上海古籍出版社2018年版，第129页。

　　疑点之二，"乌洛侯人"蒙古语意为"山中人"，大致生活于东北松嫩平原，属于秽貉族系或肃慎族系的一支。后来乌洛侯人西迁加入室韦人之中，也就是史书中所载的"室韦乌罗护部"。即是说，乌洛侯人不出自东胡族系，与鲜卑人并不属于同一族系，是后来才迁徙至松嫩平原居住的，所以乌洛侯人称嘎仙洞是拓跋鲜卑的"祖宗石庙"，其准确度恐怕应该存疑①。

　　疑点之三，根据现代民族学的材料，关于嘎仙洞的传说同时流传在好几个民族之间。如鄂伦春族，"嘎仙"正是鄂伦春语的音译；达斡尔族也有关于嘎西讷东的传说。"由此推想生活在这片土地上的古代民族，应该也拥有自己民族关于嘎仙洞的传说，乌洛侯使者所说的嘎仙洞石室传说，只是当时生活在这片土地上不同民族中的一个版本"②。

　　疑点之四，与其他鲜卑族的古遗址如呼伦贝尔地区的鲜卑族墓葬相比，嘎仙洞考古的文化堆积并不一定是最早的，当然也就无法认定嘎仙洞是鲜卑最早的起源地。

　　但是，如上的四点猜测，并不足以推翻嘎仙洞是"祖庙"的论断。原因在于，如上的所谓"疑点"都只是或然之辞，而不能坐实。即以第一疑点而论，按照史书的通例，"互见法"乃是一种常用的史书修辞手段，此处已见，他处则不言，因而《魏书·礼志》既已言"祖庙"，而《魏书·序纪》便全不记载，就变得可以理解。因而，我们的看法是，在未能以明确证据否定"嘎仙洞"的"祖庙"身份

①杨军、吕静植：《消失的帝国——鲜卑帝国》，中国国际广播出版社2013年版，第134页。
②吴岩松：《鲜卑起源、发展的考古学研究》，上海古籍出版社2018年版，第129页。

以前，还是不应轻易否定米文平先生的论断。

退一步讲，即便"嘎仙洞"不是拓跋鲜卑的"祖庙"，也不能否定"大鲜卑山"就是大兴安岭的论断。实际上，在大兴安岭的周边发现的众多早期鲜卑遗迹，就已经证明了这一点。"嘎仙洞"究竟是否是拓跋鲜卑的祖庙，与"大鲜卑山"究竟是否是大兴安岭，是两个互为联系又有所区别的问题。事实上，无论如何都不能否定大兴安岭在鲜卑族历史发展中的重要地位。多数学者至今仍旧认为，虽然我们不能确定嘎仙洞就是拓跋鲜卑的祖宗之庙，不能肯定这里就是其发祥地，但嘎仙洞的发现，还是让我们确定了拓跋鲜卑祖先早期活动的大致范围。

二、从大鲜卑山出发——鲜卑族早期历史的地理与气候因素

按照米文平的论断，大鲜卑山就是大兴安岭。

大兴安岭位于内蒙古自治区境内及黑龙江省最北部，北与俄罗斯隔黑龙江相望，南止西拉木伦河左岸濒松嫩平原，东与小兴安岭以嫩江为界，西邻额尔古纳河、呼伦贝尔草原。呈东北—西南走向，全长约1200公里，大部分的宽度在200—300公里，地势从北向南逐渐升高，东西两侧坡度不对称，东陡西缓。地理坐标为北纬50°05′—53°34′，东经121°11′—127°10′。至此，绵延8000公里的欧亚北部大草原被阻断，莽莽林海开始成为地表生态的主旋律。

大兴安岭的地理位置具有特殊意义。首先，大兴安岭是我国地势二、三级阶梯的分界线，山体以西多高原、山地，以东多平原、丘陵。其次，它是我国季风区与非季风区、湿润气候区与非湿润气

候区的分界线，夏季海洋季风受阻于山地东坡，东南坡降水较多，西北则干旱少雨。400毫米年均降水线从大兴安岭穿过，使大兴安岭两侧自然带呈明显的地域差异：以东多森林，以西多草原。简而言之，大兴安岭东临松嫩平原，西临呼伦贝尔草原、内蒙古草原。其独特的地理位置，决定了它必然是草原文明与农耕文明的分界线和连接点。

法国著名历史学家布罗代尔指出：

> 山地往往人口过剩，或者对它的财富来说，至少是人口过多。在山区，"人口的最佳密度"很快就达到并且超过。因此，山区必须周期性地向平原倾泻它过多的人口。[①]

布罗代尔所谓"山区必须周期性地向平原倾泻它过多的人口"，其实恰恰言中了生活在大兴安岭的少数民族生活与迁徙的主旋律。对鲜卑族而言：向东，他们可以走入农耕民族区域，进入松嫩平原，沿着嫩江、松花江顺流而下，征服当地的土著居民，然后再被当地的农耕文化征服，成为新的农耕民族；向西，他们可以迈入广阔的呼伦贝尔草原，进而进入蒙古草原，与生活在草原的游牧民族争锋，然后步其后尘，建立新的草原帝国。翦伯赞说，大兴安岭是鲜卑等少数民族"一个幽静的后院"，呼伦贝尔草原是鲜卑等少数民族"历史舞台的后台"，蒙古草原则是鲜卑等少数民族真正的

---

① 〔法〕费尔南·布罗代尔著：《菲利普二世时代的地中海和地中海世界》（第1卷），商务印书馆2011年版，第39页。

"历史舞台"。他在《内蒙访古》一文中说：

> 呼伦贝尔草原不仅是古代游牧民族的历史摇篮，而且是他们的武库、粮仓和练兵场。他们利用这里的优越的自然条件，繁殖自己的民族，武装自己的军队，然后以此为出发点由东而西，征服内蒙中部和西部诸部落或更广大的世界，展开他们的历史性的活动。鲜卑人如此，契丹人、女真人、蒙古人也是如此。

> 假如呼伦贝尔草原在中国历史上是一个闹市，大兴安岭则是中国历史上的一个幽静的后院。重重叠叠的山岭和覆蔽着这些山岭的万古长青的丛密的原始森林，构成了天然的障壁，把这里和呼伦贝尔草原分开，使居住在这里的人民与世隔绝，在悠久的历史时期中，保持他们传统的古老的生活方式。

> 这次访问对于我来说，是上了一课很好的蒙古史，也可以说揭穿了一个历史的秘密，即为什么大多数的游牧民族都是由东而西走上历史舞台。现在问题很明白了，那就是因为内蒙东部有一个呼伦贝尔草原。

依照翦伯赞的观点，大兴安岭—呼伦贝尔草原—蒙古草原的三部曲，几乎是内蒙地区所有少数民族共同的跋涉经历，鲜卑民族当然也概莫能外。其间的缘由，翦伯赞所见与布罗代尔英雄所见略同，他们都是从物质生产和物质供给的角度，肯定了地理空间特点对人口流动的推进和制约。

　　但是,布罗代尔与翦伯赞似乎忽略了气候因素对族群和人口迁徙的影响。

　　按常理来讲,草原和平原的人口容载量远胜于大兴安岭的山地环境所能承受的人口负载,因而,在草原和平原栖息的鲜卑人本来可以悠闲地生活。但是,根据竺可桢研究,从东汉时代公元之初至三国六朝时代,中国历史上最漫长的寒潮期开始了[①],可以想见,此时草原的牧场遭到破坏,无法再养育肥壮的牧群,平原地带变得不再适合耕种,农耕文明也失去了依凭。迫于生存,鲜卑族人不得不开始南迁的历史进程,气候成了真正的"上帝之鞭"。

　　在大兴安岭的东西两麓,由鲜卑族形成的新的农耕民族和新

[①] 竺可桢《中国近五千年来气候变迁的初步研究》(参见《中国科学》1972年第3期)一文认为,中国古代气候的变迁是冷期和暖期交替出现的。即一个冷期出现之后,紧接着是暖期的来临。公元前1100年—公元1400年是一个冷暖交替循环的时期,竺可桢称它为物候时期。这个时期又可以分为以下几个阶段:1.公元前1100年到公元前850年的西周前期,我国进入第一个短暂的寒冷期;2.从公元前770年到公元初的春秋、战国、秦、汉时期,我国气候又转入第二个温暖期;3.从公元初年到公元600年东汉、三国、六朝时代,我国气候又转入第二个寒冷期;4.从公元600年到公元1000年的隋、唐、北宋初期,我国气候进入第三个温暖期;5.从公元1000年到公元1200年的两宋时期,我国气候进入第三个寒冷期;6.从公元1200年到公元1300年南宋中期到元代中期,我国气候又转入第四个温暖期。此后的1400年到1900年,又是一个漫长的寒冷期,其间也有一些冷暖起伏。根据这段冷暖期的大致划分,如果我们稍微注意一点就会发现,凡是冷期来临,其间的朝代更替和战争的发生就比较频繁,而暖期则相对稳定,国力也比较强盛。如第二个、第三个温暖期的秦汉和隋唐时期,都是经济文化比较发达、国力比较强盛的时期,而第二、三个寒冷期中的三国、两晋、南北朝以及宋金对峙等都是少数民族大肆南侵、战乱频繁的年代。

的草原铁骑，往往沿着大兴安岭两侧的山麓迁徙而下，最终来到漠南阴山或老哈河和西拉木伦河这一游牧经济与农耕经济并存的地域。如果翻开地图，我们就会发现，这一广大区域已经濒临中原农耕文明与北方草原文明的分界线——秦长城和燕赵长城就在南方的不远处：

> 长城以南，多雨多暑，其人耕稼以食，桑麻以衣，宫室以居，城郭以治。大漠之间，多寒多风，畜牧畋渔以食，皮毛以衣，转徙随时，车马为家。此天时地利所以限南北也。（《辽史·营卫志中》）

在这里，鲜卑族既养成了游牧民族彪悍的性格，同时也受到中原文明的强烈召唤。因而，在气候的迫使下，在中原文明的吸引下，他们不由自主地走向中原地区，与汉民族的王朝相碰撞，与汉民族的文明相互交融：

> 他们已经不仅是一群牧人，而是有组织的全副武装了的骑手、战士，这些牧人、骑手或战士总想把万里长城打破一个缺口，走进黄河流域。他们或者以辽河流域的平原为据点，或者以锡林郭勒草原为据点，但最主要是以乌兰察布平原为据点，来敲打长城的大门，因而阴山一代往往出现民族矛盾的高潮。[①]

---

①翦伯赞：《内蒙访古》，文物出版社1963年版，第25页。

是什么因素促使鲜卑民族"总想把万里长城打破一个缺口"呢？我们以为，生存恐怕还是第一位的。由此，本来处于中原历史书写之外的鲜卑族，从原来居住的草原或平原浩浩荡荡迁徙而出，上演了一出中国版本的"出埃及记"，奔向理想当中的"奶与流蜜之地"——中原。及至正式进入中原，被中原文明所吸引和同化以后，他们便开始正式进入历史的书写者行列。如果说地理是空间的要素，那么气候的变迁则是时间的要素，时间与空间的共同作用，大兴安岭、呼伦贝尔草原、内蒙古草原、气候四者组成了鲜卑族历史初期的主要框架。

第二节　鲜卑语源及其族群来源

一、鲜卑语源——从饰品名到族名

"鲜卑"又称"犀毗""师比"，在我国古代史籍中出现较早。

《战国策·赵策二》载：

> （赵武灵王）遂赐周绍胡服衣冠、贝带、黄金师比，以傅王子也。

可见，"鲜卑"最初只是饰品之名而非族称。

此外，《楚辞·大昭》王逸注曰：

> 鲜卑，衮带头也。言好女之状，腰支细少，颈锐秀长，靖然
> 而特异，若以鲜卑之带，约而束之也。

这说明鲜卑乃北方少数民族佩戴的带钩，至迟在战国时期就已经
出现并盛行，并成为当时美女细腰的代称。

及至西汉初，"鲜卑"作为少数民族的重要饰品已经传至中
原，并为汉朝统治者所熟知。汉文帝前元六年（前174）曾赐匈奴冒
顿单于：

> 服绣袷绮衣、长襦、锦袍各一，比疏一，黄金饬具带一，黄金
> 犀毗一，绣十匹，锦二十匹，赤绨、绿缯各四十匹。（《汉书·匈奴
> 传上》）

其中的"犀毗"，亦即"鲜卑""师比"，乃"鲜卑郭洛带"的简称，
"鲜卑郭洛"乃东胡族所认定的瑞兽之名。"郭洛"为"Kwuk
Lak"之音译，其意为兽；"鲜卑"为"Sai-bi"之音译，其意为瑞、
神，合之为瑞兽或神兽[1]。后世遂以"鲜卑"为"祥瑞"之意。

据学者研究，"鲜卑郭洛"（瑞兽）的原型当为"驯鹿"。据
《魏书》载，鲜卑居住地附近：

> 有神兽，其形似马，其声类牛，先行导引，历年乃出。始居匈
> 奴之故地。（《魏书·序纪》）

---

[1] 马长寿：《乌桓与鲜卑》，广西师范大学出版社2006年版，第162页。

学者认为："从形象上看，驯鹿角似鹿、身似马、头似驴、蹄似牛，与《魏书》中记载的'其形似马，其声类牛'的神兽形象极为吻合；从作用上看，驯鹿的性情温顺、易于驯养，蹄大体轻、惯于负重等一系列特性，使其成为林区重要的交通工具，这也与鲜卑人认定的神兽惯于识途和负重的记载相吻合。"①

自秦以来，"鲜卑"作为"祥瑞"的代名词被其居地民族广泛采用。居住在大兴安岭地区的游牧民族在山中繁衍生息，他们认为此山乃"祥瑞"之地，遂称之为鲜卑山（即祥瑞山）。由于这群人居住于鲜卑山中，久而久之，他们也自称为"鲜卑人"，"鲜卑"一词也由饰品名改称为族名。

二、东胡之称与东胡分裂——分化而出的鲜卑

《三国志·魏书·乌丸鲜卑东夷传》裴松之注引王沈《魏书》："鲜卑亦东胡之余也，别保鲜卑山，因号焉。"

《后汉书·乌桓鲜卑列传》："鲜卑者，亦东胡之支也，别依鲜卑山，故因号焉。"

由此可知，鲜卑乃东胡族的分支，因而如要探寻鲜卑的源头，必然要从考察东胡的源流开始。

"胡"是自战国以来对我国古代北方民族的泛称。汉代时，匈奴人即自称为"胡"。魏晋以后，凡活动于中原的北方各民族多被称为"胡"，最流行的如称匈奴、鲜卑、羯、氐、羌为"五胡"，《晋书·元帝纪》所谓"五胡扛鼎"之"五胡"即指此。

---

① 苗琳琳、杨昕沫：《鲜卑部落联盟研究》，黑龙江人民出版社2015年版，第6页。

关于"东胡",《山海经·海内西经》载:"东胡在大泽东,夷人在东胡东。"据考证,大泽为今达来诺尔(扎赉诺尔)湖,是匈奴活动区域以东最大的湖泊。由于匈奴人自称为"胡",如《汉书·匈奴传上》载汉武帝太始年间孤鹿姑单于致武帝书曰:"南有大汉,北有强胡。胡者,天之骄子也。"《史记·匈奴列传》司马贞《索隐》引服虔曰:"东胡,乌丸之先,后为鲜卑。在匈奴东,故曰东胡。"所以处于匈奴之东的新兴民族,以其活动区域"在匈奴东,故曰东胡","东胡"之名即由此产生。

若从见诸典籍的时间先后而言,"东胡"之名最早见于《逸周书·王会解》:"东胡黄罴。"〔晋〕孔晁注:"东胡,东北夷。"①

《逸周书·王会解》是一篇制作于西周,定型于战国时代的文献②。《王会解》的主要内容是记载西周成王时期成周之会的盛况及各方国的贡献,其中提到了东胡族进献的黄罴。因而可以确定,早在西周,迟至战国,东胡族即已活跃于历史舞台。

据学者考证,东胡族最早活跃于老哈河和西拉木伦河流域。从考古的遗存来看,夏家店上层文化主要分布于努鲁尔虎山以西的老哈河流域和西拉木伦河流域,是西周早期至春秋中晚期的文化遗存,与文献中记载的东胡活动区域所处历史时期完全吻合。另外,从墓葬的文化考察来看,夏家店上层文化的墓葬也是典型的东胡文化遗存:

从畜犬、殉犬习俗考察,夏家店上层文化遗存中保留的畜犬、

---

① 〔晋〕孔晁注、〔清〕卢文弨撰补遗:《〈逸周书〉校正补遗》,抱经堂本,第111页。
② 张怀通:《〈逸周书〉新研》,中华书局2013年版,第351页。

殉犬习俗与历史文献记载的东胡人生前畜犬、死后殉犬之俗，是完全一致的[①]。《后汉书·乌桓鲜卑列传》载：

> 俗贵兵死，敛尸以棺，有哭泣之哀，至葬则歌舞相送。肥养一犬，以彩绳缨牵，并取死者所乘马衣物，皆烧而送之，言以属累犬，使护死者神灵归赤山。赤山在辽东西北数千里，如中国人死者魂神归岱山也。

从髡头习俗考察，夏家店上层文化墓葬中出土的人头形象资料，头顶皆不蓄发，或仅在头的周边和侧面编结小辫，此与文献记载的东胡族固有的"髡头"之俗，亦相符合：

《后汉书·乌桓鲜卑列传》载：

> 乌桓者，本东胡也。……父子男女相对踞蹲。以髡头为轻便。妇人至嫁时乃养发，分为髻，著句决，饰以金碧，犹中国有簂步摇。

《后汉书·乌桓鲜卑列传》载：

> 鲜卑者，亦东胡之支也。……其言语习俗与乌桓同。唯婚姻先髡头，以季春月大会于饶乐水上，饮燕毕，然后配合。

---

①靳枫毅：《夏家店上层文化及其族属问题》，《考古学报》1987年第2期。

应当认为，东胡活跃于西拉木伦河和老哈河流域，不是历史的偶然，而是气候的必然。

自春秋时期开始，贯穿夏商周三代、持续时间最长的温暖湿润气候期结束了，中国北方特别是内蒙古草原的边缘地带变得越来越寒冷而干旱[①]。西拉木伦河、老哈河流域曾经繁盛的农耕经济开始萎缩，村庄被废弃。因而，这里就成了东胡族驻牧的地方。但是，气候的"上帝之鞭"，促使东胡族不得不放开眼光，寻找更为适合生存的"奶与流蜜之地"。

战国中后期，东胡与燕、赵接触频繁，并对两国构成了实际的威胁。据《史记·匈奴列传》《史记·赵世家》《战国策·赵策二》等史料记载，赵武灵王曾举赵国全国之力推行"胡服骑射"，其主要战略目标即击破"三胡"（东胡、林胡、楼烦）。在击破三胡后，赵武灵王将新开辟的领土建置为云中、雁门、代三郡，同时于边地建筑长城"以拒胡"[②]。在战国七雄中，燕国是实力较弱的一方。在败于东胡后，燕昭王派遣大将秦开去东胡做人质。秦开在东胡受到了热情款待，成为东胡人的朋友，同时也由此熟悉了东胡人的一切，包括军事方面的弱点。公元前290年，秦开逃回燕国，率兵攻打东胡，迫使其向北退却1000余里，同时也在边地筑长城，设置上

---

① 参阅竺可桢：《中国近五千年来气候变迁的初步研究》，《中国科学》1972年第3期。

② 《史记·匈奴列传》："赵武灵王亦变俗胡服，习骑射，北破林胡、楼烦。筑长城，自代并阴山下，至高阙为塞。而置云中、雁门、代郡。"

谷、渔阳、右北平、辽西、辽东五郡"以拒胡"①。经过赵国和燕国的边地经营,"燕、赵长城"遂成为当时中原农耕文明与北方游牧文明的分界线。

在受到燕、赵的军事打击之后,以燕、赵长城为限,东胡人与燕国隔长城对峙,达成了一种军事上互不接触的平衡状态。此时,东胡人开始从他们的根据地向西发展。他们发现,阴山以北的蒙古草原是比西拉木伦河、老哈河更适宜游牧生活的地方。在经过半个多世纪的发展以后,东胡人占据了蒙古草原的东部,模仿中原华夏民族的统治模式,其领袖被称为"东胡王"。

历史似乎注定了东胡与匈奴的相遇。

公元前3世纪,秦始皇于公元前221年结束了诸侯割据的局面,统一了中国。与此同时,在蒙古草原上,匈奴族也在进行着统一草原的努力。由于相信"亡秦者胡"的预言,秦始皇曾派大将蒙恬北伐匈奴,从匈奴手中夺回了河套地区,匈奴也被迫北迁蒙古草原,但其实力仍在。秦末楚汉相争所导致的中原战乱,形成了北方草原的权力真空。匈奴人趁机迅速统一大漠,建立了强大的国家政权,与中原王朝鼎足而立。

匈奴人无时无刻不在惦记着自然条件更为优越的河套地区,而东胡人也在密切地关注着匈奴人的这一动向。问题的关键在于,蒙古草原毕竟是有限的,东胡既然想要向西发展占据匈奴人的牧地,自然要警惕匈奴的发展和动向,唯恐其将进攻的矛头指向自

---

① 《史记·匈奴列传》:"其后燕有贤将秦开,为质于胡,胡甚信之。归而袭破走东胡,东胡却千余里。与荆轲刺秦王秦舞阳者,开之孙也。燕亦筑长城,自造阳至襄平。置上谷、渔阳、右北平、辽西、辽东郡以拒胡。"

已。出于无理的自信，东胡人率先向匈奴开始了试探和挑衅①，以此为契机，匈奴杰出的首领冒顿在自立为单于后，发起了袭击东胡之战，由此"大破东胡王，而虏其民人及畜产"。东胡势力遭受到沉重打击，从此强大的东胡分裂为三支：

第一支，即匈奴所虏获的东胡"民人"，成为匈奴族的一部分。

第二支、第三支，即乌桓和鲜卑：一为乌桓，即《后汉书·乌桓鲜卑列传》所载："乌桓者，本东胡也。汉初，匈奴冒顿灭其国，余类保乌桓山，因以为号焉。"一为鲜卑，即《后汉书·乌桓鲜卑列传》所载："鲜卑者，亦东胡之支也，别依鲜卑山，故因号焉。"

至此，鲜卑族群进入"鲜卑山"——大兴安岭地区，由东胡族中分化而出。

---

① 《史记·匈奴列传》载："冒顿既立，是时东胡强盛，闻冒顿杀父自立，乃使使谓冒顿，欲得头曼时有千里马。冒顿问群臣，群臣皆曰：'千里马，匈奴宝马也，勿与。'冒顿曰：'奈何与人邻国而爱一马乎？'遂与之千里马。居顷之，东胡以为冒顿畏之，乃使使谓冒顿，欲得单于一阏氏。冒顿复问左右，左右皆怒曰：'东胡无道，乃求阏氏！请击之。'冒顿曰：'奈何与人邻国爱一女子乎？'遂取所爱阏氏予东胡。东胡王愈益骄，西侵。与匈奴间，中有弃地，莫居，千余里，各居其边为瓯脱。东胡使谓冒顿曰：'匈奴所与我界瓯脱外弃地，匈奴非能至也，吾欲有之。'冒顿问群臣，群臣或曰：'此弃地，予之亦可，勿予亦可。'于是冒顿大怒曰：'地者，国之本也，奈何予之？'诸言予之者，皆斩之。冒顿上马，令国中有后者斩，遂东袭击东胡。东胡初轻冒顿，不为备。及冒顿以兵至，击，大破灭东胡王，而虏其民人及畜产。既归，西击走月氏，南并楼烦、白羊河南王。"

三、鲜卑的强盛——鲜卑、乌桓、匈奴与东汉政权

(一)东汉对匈奴的战争

鲜卑、乌桓二族的分化而出,是匈奴与东胡争夺生存空间、对东胡进行强力打击的结果。在一定意义上,在鲜卑族群正式命名的那一刻,其生存空间的盈缩就不可避免地与匈奴和乌桓牵扯到一起了。换句话说,鲜卑族的历史,此时已经与匈奴和乌桓构成了三边互动的格局。

公元前202年,秦王朝灭亡,炎汉代兴。

西汉王朝继承了秦朝的国土,同时也继承了它的边患。西汉初期,拥有强悍骑兵的匈奴统一了北方游牧民族地区,西汉被迫实行防御战略,并对匈奴采取和亲政策。公元前201年至公元前134年,在西汉王朝与匈奴实行和亲政策的历史时段内,匈奴兵力达到14万人,向今甘肃、陕西、山西、河北、内蒙古等地劫掠共计14次,成为西汉王朝的心腹大患。

汉武帝刘彻的出现,改变了这一切。公元前140年至公元前87年,是汉武帝刘彻统治时期。汉武帝元光六年(前129)左右,西汉王朝与匈奴进入了全面战争状态。在此后的数十年中,匈奴受到西汉王朝的多次进攻,实力大为削弱。

在西汉与匈奴大规模战争开始之时,匈奴对远离其统治中心的大兴安岭北段(大鲜卑山)控制力下降,这无疑给鲜卑人的独立发展提供了重要契机。按照《魏书·序纪》的记载,此时鲜卑人著名的首领是"毛",他已经"统国三十六,大姓九十九"。此时的鲜卑人虽然仍旧生活在鲜卑山一带,但已经收编了许多部落和氏族,

具有了较强的实力。与此同时，生活在鲜卑人南部的乌桓人，已经南下迁居到汉王朝的塞外地区，积极参与汉王朝与匈奴的战争。因而，乌桓人的故地就被鲜卑人占据。步乌桓后尘，鲜卑族也逐渐开始了南下迁移的进程。

宿白先生认为，鲜卑人南迁的路线，虽然基本上是沿大兴安岭南下，但他在勾画鲜卑族的具体迁徙路线时，却是如下这样一种情形：

大兴安岭北段（大鲜卑山）→呼伦湖→西辽河上游→内蒙古河套一带。同时，在后续的考古发掘中，考古学者发现鲜卑人的遗址，有的是在大兴安岭以东，有的是在大兴安岭以西。

即是说，鲜卑族南迁时，时而沿着大兴安岭东麓前进，时而又走在大兴安岭以西。这说明鲜卑人当时还在犹豫：究竟是向西进入蒙古草原呢？还是南下回到他们祖先曾经生活过的西拉木伦河和老哈河流域呢？"西边的草原对鲜卑人虽然具有较强的吸引力，但那里是匈奴统治的中心，西进意味着与匈奴人全面开战。"[1]此时与匈奴全面开战，显然是一个危险的决定，如果胜利，鲜卑人可以突入蒙古草原；如果失败，鲜卑人则会面临灭顶之灾。因而，犹豫再三之后，鲜卑人还是选择了南下。公元1世纪，当乌桓人进一步南迁进入汉王朝的郡县辖区后，鲜卑人沿大兴安岭南下，最终进入西拉木伦河和老哈河流域。

东汉初年，当光武帝刘秀在进行统一全国的战争时，匈奴的势

---

[1]杨军、吕静植：《消失的帝国——鲜卑帝国》，中国国际广播出版社2013年版，第27页。

力又有所发展。建武二年 (26)，渔阳太守彭宠反对刘秀，曾结匈奴为援。割据三水的卢芳在匈奴的支持下占据北边诸郡，同匈奴一道经常向南寇扰。建武二十年 (44)，匈奴一度进至上党、扶风、天水等郡，成为东汉王朝的严重威胁。然而天助东汉，建武二十二年 (46)，形势突然出现了逆转：

> 二十二年，单于舆死，子左贤王乌达鞮侯立为单于。复死，弟左贤王蒲奴立为单于。比不得立，既怀愤恨。而匈奴中连年旱蝗，赤地数千里，草木尽枯，人畜饥疫，死耗太半。单于畏汉乘其敝，乃遣使诣渔阳求和亲。于是遣中郎将李茂报命。而比密遣汉人郭衡奉匈奴地图，二十三年，诣西河太守求内附。（《后汉书·南匈奴列传》）

东汉建武二十二年，匈奴所居的北方草原连年发生严重的旱灾和蝗虫之害，内部争夺王位的斗争也日趋激烈，匈奴的奠鞬日逐王比在争夺王位中失败，与汉王朝私下沟通，他的选择得到了其统领的八部大人的拥护。建武二十四年 (48)，日逐王比带领南部四五万人臣服汉室，自封为呼韩邪单于（南单于），从此匈奴分裂为南匈奴和北匈奴：

> （二十四年）冬十月，匈奴奠鞬日逐王比自立为南单于，于是分为南、北匈奴。（《后汉书·光武帝纪》）

奠鞬日逐王比南匈奴的分立，对东汉时期周边少数民族的力量格局形成了重要影响：

> 是时乌桓、鲜卑屡寇外境，国素有筹策，数言边事，帝器之。及匈奴莫鞮日逐王比自立为呼韩邪单于，款塞称藩，愿扞御北虏。事下公卿。议者皆以为天下初定，中国空虚，夷狄情伪难知，不可许。国独曰："臣以为宜如孝宣故事受之，令东扞鲜卑，北拒匈奴，率厉四夷，完复边郡，使塞下无晏开之警，万世安宁之策也。"帝从其议，遂立比为南单于。由是乌桓、鲜卑保塞自守，北虏远遁，中国少事。（《后汉书·耿弇列传附耿国传》）

对东汉称臣的日逐比王，自动担负起了抵御北匈奴、鲜卑和乌桓的重任，成为东汉朝廷抵御边患的重要力量。这就意味着，以前强盛不可一世的匈奴，因为内部的分裂，其力量已经被大大削弱了，鲜卑即将获得新的生存空间。

（二）祭肜的奇谋

东汉以后，匈奴分裂为南匈奴与北匈奴，实力大为削弱，不仅是鲜卑人，而几乎是所有草原民族都意识到，匈奴人注定将被汉王朝打败。于是，曾经被匈奴征服、受匈奴奴役的草原各民族纷纷背叛匈奴，站在汉王朝一边向北匈奴展开进攻。在这种形势下，鲜卑各部也加快了南下的进程。

东汉初年，鲜卑人虽然迅速南下，但是他们还在小心翼翼地保持与匈奴人的关系，没有与匈奴发生正面冲突。因为刚刚建立的东汉王朝尚面临许多亟待解决的内部问题，没有表现出对匈奴人的绝对优势。在这种情况下，鲜卑人还是不愿意得罪匈奴人的。东汉初年，鲜卑人有时甚至还与匈奴人一起进兵侵袭东汉的边郡。持同样态度的还有乌桓人。鲜卑、匈奴以及赤山乌桓逐渐成为东汉王朝北方的三股强大势力，而且他们经常进攻东汉王朝的边塞：

> 当是时，匈奴、鲜卑及赤山乌桓连和强盛，数入塞杀略吏人。朝廷以为忧，益增缘边兵，郡有数千人，又遣诸将分屯障塞。（《后汉书·祭肜传》）

鲜卑、匈奴与赤山乌桓对东汉王朝构成了巨大的威胁，以致东汉王朝不得不增派兵将屯兵戍边，疲于奔命。匈奴分裂为南匈奴和北匈奴后，南匈奴的首领呼韩邪单于虽然主动担负起了抗击北匈奴、鲜卑和赤山乌桓的重任，但这并不足以从根本上改变东汉政权周边面临的危险环境。

而此时一个人的出现，导致鲜卑彻底倒向了东汉王朝。

此人名叫祭肜（？—73）。

祭肜，字次孙，是东汉著名开国元勋"云台二十八将"之一祭遵的堂弟。祭肜早孤，以至孝见称，光武帝刘秀因祭遵之故，先任祭肜为黄门侍郎，后遵死，以肜为偃师长，"肜有权略，视事五岁，县无盗贼，课为第一。"因为政绩卓著，徙封襄贲令。祭肜到任之际，东汉天下未平，郡国盗贼横行。祭肜到任后，剿灭乱党，襄贲地区（今属山东兰陵县）政治清明。

从祭肜的种种作为来看，此人颇多权谋，善于治乱，因而光武帝刘秀对其委以重任：

　　帝以肜为能，建武十七年，拜辽东太守。至则励兵马，广斥候。肜有勇力，能贯三百斤弓。虏每犯塞，常为士卒前锋，数破走之。二十一年秋，鲜卑万余骑寇辽东，肜率数千人迎击之，自被甲陷陈，虏大奔，投水死者过半，遂穷追出塞，虏急，皆弃兵裸身散走，斩首三千余级，获马数千匹。自是后鲜卑震怖，畏肜不敢复窥塞。肜以三虏连和，卒为边害，二十五年，乃使招呼鲜卑，示以财利。其大都护偏何遣使奉献，愿得归化，肜慰纳赏赐，稍复亲附。其异种满离、高句骊之属，遂骆驿款塞，上貂裘好马，帝辄倍其赏赐。其后偏何邑落诸豪并归义，愿自效。（《后汉书·祭肜传》）

　　建武十七年（41），光武帝任命祭肜为辽东太守。到任后，祭肜历兵秣马，增强军力，广派间谍，探伺敌情。同时因其本人勇冠三军，身先士卒，故匈奴、鲜卑、乌桓数犯而不能。建武二十一年（45），鲜卑骑兵万余骑寇扰辽东，祭肜本人仅以数千兵力，便大破贼虏。自此以后，鲜卑震怖，不敢再窥视边塞。

　　与鲜卑战争的大获全胜，并没有让祭肜过于乐观。他顾及"三虏连和，卒为边害"的事实，即如果匈奴、鲜卑、乌桓三股势力联合，那么绝不是新生的东汉政权所能长久应对的。祭肜考虑的是如何制定长治久安之策。经过一番思考，祭肜最终确立了分而治之的方略：拉拢鲜卑与乌桓，使之对匈奴作战。

　　建武二十五年（49），祭肜遣使鲜卑，赠以财货，并对之分析了与汉帝国修好的益处。值得注意的是，此时的匈奴已经于建武二十四年（48）分裂为南匈奴与北匈奴，且南匈奴与汉朝和好，主动担负起抵御边患的重任①。此时的匈奴，再也不是以前强盛无比的帝国，不复是鲜卑必须臣服和依靠的对象。斟酌考虑之后，在汉王朝丰厚的赏赐面前，他们意识到，劫掠汉王朝的边郡所获得的财物，远不如赏赐来得容易和安全。于是，鲜卑著名的首领偏何表示愿意归附汉王朝。其后，鲜卑的其他部落——满离、高句骊之属，都先后表示顺从。

鲜卑大人仇贲、满头等，先后被封为王侯。向东汉进贡貂裘、名马的鲜卑首领，也都得到了数倍于其物价值的赏赐。青、徐二州每年用于赏赐鲜卑人的财物达到了惊人的二亿七千万钱：

> 三十年，鲜卑大人于仇贲、满头等率种人诣阙朝贺，慕义内属。帝封于仇贲为王，满头为侯。时渔阳赤山乌桓歆志贲等数寇上谷。永平元年，祭肜复赂偏何击歆志贲，破斩之，于是鲜卑大人皆来归附，并诣辽东受赏赐，青徐二州给钱岁二亿七千万为常。（《后汉书·乌桓鲜卑列传》）

祭肜因势利导，劝说鲜卑人进攻匈奴。归附汉王朝的鲜卑首领偏何向祭肜仰天起誓，并迅速付之于行动，攻打北匈奴左伊秩訾部，斩首两千余人。匈奴人的头颅，作为真心投靠汉政权的见证，被汉王朝视为鲜卑之军功而予以厚报：

> 肜曰："审欲立功，当归击匈奴，斩送头首乃信耳。"偏何等

---

① "及南单于附汉，北虏孤弱，二十五年，鲜卑始通驿使。"（《后汉书·乌桓鲜卑列传》）

皆仰天指心曰："必自效！"即击匈奴左伊秩訾部，斩首二千余级，持头诣郡。其后岁岁相攻，辄送首级受赏赐。自是匈奴衰弱，边无寇警，鲜卑、乌桓并入朝贡。(《后汉书·祭肜传》)

非但如此，在祭肜的授意下，偏何等还向赤山乌桓发动了进攻，"破斩之"。由此，鲜卑、乌桓、匈奴"三虏连和"的局面被彻底打破。

（三）转据匈奴故地

光武帝刘秀之子汉明帝刘庄继位后，北匈奴开始复苏，与南匈奴少数叛逃者相互勾结，对河西走廊大肆攻掠，竟然达到"焚烧城邑，杀略甚众，河西城门昼闭"的程度。汉明帝派遣给事中郑众出使匈奴，想与北匈奴议和，但北匈奴单于蒲奴当众侮辱郑众。郑众遂向汉明帝上书，劝说汉明帝对北匈奴发动军事打击。其后，仆射耿秉向汉明帝提出"以战去战"之策：

常以中国虚费，边陲不宁，其患专在匈奴。以战去战，盛王之道。显宗既有志北伐，阴然其言。(《后汉书·耿秉传》)

此时的汉明帝也已经有志北伐，暗地里赞同耿秉的战略。于是，在经过一番准备之后，东汉正式发动了对北匈奴的军事打击。

永平十六年 (73) 二月，东汉联合羌胡、乌桓、鲜卑，发兵四万余骑，联合进攻北匈奴：

> 十六年春二月，遣太仆祭肜出高阙，奉车都尉窦固出酒泉，驸马都尉耿秉出居延，骑都尉来苗出平城，伐北匈奴。窦固破呼衍王于天山，留兵屯伊吾卢城。耿秉、来苗、祭肜并无功而还。（《后汉书·显宗孝明帝纪》）

> 十六年，乃大发缘边兵，遣诸将四道出塞，北征匈奴。（《后汉书·南匈奴列传》）

东汉政权此次出兵，兵分四路，分别出高阙（今内蒙古狼山中部计兰山口，战国赵长城要塞）、酒泉（今甘肃酒泉）、居延（今内蒙古额济纳旗东）、平城（今山西大同东北），声势极为浩大。但"虏闻汉兵来，悉度漠去"，北匈奴采取避战之策，除窦固"破呼衍王于天山，留兵屯伊吾卢城"外，其他三路皆无功而返。

永平十七年（74）十一月，窦固、耿秉与骑都尉刘张合兵一处，率14000骑兵出敦煌昆仑塞，再次组织出击，将盘踞在白山的北匈奴余部击溃，追击至蒲类海予以歼灭，接着挥师进击匈奴车师，斩杀数千人，车师后王惊恐，主动向汉军投降：

> 冬十一月，遣奉车都尉窦固、驸马都尉耿秉、骑都尉刘张出敦煌昆仑塞，击破白山虏于蒲类海上，遂入车师。（《后汉书·显宗孝明帝纪》）

> 诏秉与固合兵万四千骑，复出白山击车师，……斩首数千级，收马牛十余万头。后王安得震怖，从数百骑出迎秉。（《后汉书·耿秉传》）

至汉章帝元和二年 (85)，北匈奴大人车利、涿兵等率部入塞降汉，陆续归附者多达73批。此时的北匈奴已经处于四面楚歌的境地：

> 二年正月，北匈奴大人车利、涿兵等亡来入塞，凡七十三辈。时北虏衰耗，党众离畔，南部攻其前，丁零寇其后，鲜卑击其左，西域侵其右，不复自立，乃远引而去。（《后汉书·南匈奴列传》）

汉元帝章和元年 (87)，鲜卑从东部向北匈奴发动大举进攻，斩北匈奴优留单于，剥其皮，北匈奴元气大衰，众叛亲离，方寸大乱。经此一役，北匈奴就有58部20万人降汉：

> 鲜卑入左地击北匈奴，大破之，斩优留单于，取其匈奴皮而还。北庭大乱，屈兰、储卑、胡都须等五十八部，口二十万，胜兵八千人，诣云中、五原、朔方、北地降。（《后汉书·南匈奴列传》）

及至汉和帝永元元年 (89) 六月，窦宪、耿秉再次大破北匈奴于稽落山 (今蒙古汗呼赫山脉)，再俘20万人：

> 永元元年，以秉为征西将军，与车骑将军窦宪率骑八千，与度辽兵及南单于众三万骑，出朔方击北虏，大破之。北单于奔走，首虏二十余万人。（《后汉书·南匈奴列传》）

汉和帝永元三年 (91)，窦宪与耿夔等率800精骑，出居延塞，直奔北单于新驻地金微山，一举歼灭北匈奴诸王及部属5000余人。北匈奴单于蒲奴仅率数骑逃脱，"遁走乌孙"。金微山之战，汉军出塞5000余里，是两汉时期汉军对匈奴出击最远的一次：

> 三年，宪复出河西，以夔为大将军左校尉。将精骑八百，出居延塞，直奔北单于廷，于金微山斩阏氏、名王已下五千余级，单于与数骑脱亡，尽获其匈奴珍宝财畜，去塞五千余里而还，自汉出师所未尝至也。(《后汉书·耿夔传》)
>
> 北单于为耿夔所破，遁走乌孙，塞北地空，余部不知所属。(《后汉书·袁安传》)

金微山之战后，北匈奴退出了漠北，从此离开蒙古草原。

对匈奴人的战争，开拓了鲜卑人的生存空间，加速了鲜卑人的南迁进程。由于得到汉王朝的支持，至公元1世纪中叶 (匈奴分裂前后)，鲜卑人已广泛分布于东起辽东半岛西至敦煌的狭长地带，占据了漠南草原的大部分地区，较早归附东汉的南匈奴反而局限于河套一隅之地。伴随着汉王朝对匈奴战争的节节胜利，以及北匈奴主体部分的西迁，鲜卑以漠南草原为根据地，开始进入漠北草原：

> 和帝永元中，大将军窦宪遣右校尉耿夔击破匈奴，北单于逃走，鲜卑因此转徙据其地。匈奴余种留者尚有十余万落，皆自号鲜卑，鲜卑由此渐盛。(《后汉书·乌桓鲜卑列传》)

　　由此，原来被北匈奴占据的漠北草原转易其主，鲜卑代替北匈奴成为漠北草原的真正主人。在鲜卑进入漠北草原以后，留在这里没有西迁的十余万家匈奴人，便加入了鲜卑人之中，也自称是鲜卑人。人数的增多，生存空间的扩大，使鲜卑人的实力陡增，"由此渐盛"。

第二章

鲜卑早期部落联盟

第一节　檀石槐部落联盟

一、鲜卑寇边

　　逐渐强盛的鲜卑，对东汉王朝来说绝对不是什么福音。问题的关键在于，在原来"三虏连和"的链条中，鲜卑、匈奴、乌桓三者既相互勾结，又相互制约，既共同侵略东汉边境，又彼此相互攻击。但是，现在的内蒙古草原，霸主实际只剩下鲜卑一家，北匈奴远遁，无法再对鲜卑构成制约，乌桓势力虽然不可小觑，但因其与鲜卑本来就同出一源，在鲜卑强大的背景下，更多时候也就与鲜卑站在了同一边。强大后的鲜卑要做些什么呢？游牧民族的本性，决定了鲜卑人必定是不安分的，甚至是好战的。

　　黑格尔在论述游牧文明时说：

　　　　这些家庭殖居的区域，都是寸草不生之地，或者只有短时期的生产，所以居民的财产不在于土地。……他们在平原上游牧了一个时期，等到草尽水涸，整个部落又走到别处去。……在这些高地上的居民中，没有法律关系的存在，因此，在他们当中就显示出好客和劫掠的两个极端：当他们……处在文明民族的围绕之中，劫掠更为通行。……他们时常集合为大群人马，在任何一种冲动之下，便激发为对外的活动。他们先前虽然倾向和平，可是这时却如洪水一般，泛滥到了文明国土上，一场大乱的结果，只是遍地瓦砾和满目疮痍。[1]

黑格尔认为，游牧民族的生产方式和生活方式，决定了他们劫掠的本性。在游牧的生态环境较为适宜时，他们是向往和平的，但当"草尽水涸"之时，他们又会成为毁灭文明的洪水。这一论述，对鲜卑人而言无疑也是成立的。

据竺可桢的相关研究，东汉时期我国气候转入了第二个寒冷期。对漠北草原的鲜卑人而言，气候变化最重要的后果，就是草场越来越不适宜畜牧。因而，鲜卑人必须南下，对东汉边境进行劫掠，以获得生存资源以及开辟新的生存空间[2]：

公元97年，辽东鲜卑攻汉肥如县，大败汉军。这是鲜卑族第一次对汉王朝用兵。

公元101年，辽东鲜卑寇汉右北平，攻占渔阳，汉王朝的守边将士奋力抗击，才迫使鲜卑兵退走。

公元106年，辽东鲜卑再次攻打渔阳，并打败汉军，东汉王朝的渔阳太守张显惨遭杀害。

公元110年，辽东鲜卑族大酋长燕荔阳到洛阳朝贺，邓太后赐燕荔阳王印绶及车驾，并设边市，与鲜卑族开展贸易。这时，鲜卑族邑落一百二十余部请求与汉王朝和好，并派邑落大人的儿子到洛阳当人质。

公元115年，辽东鲜卑反叛汉王朝，攻辽东郡无虑县，又攻扶

---

① 〔德〕黑格尔著，王造时译：《历史哲学》，商务印书馆1963年版，第133页。
② 以下鲜卑侵犯东汉边境的历史事例，俱见《后汉书·乌桓鲜卑列传》。

黎县（今辽宁营口东南），残杀汉王朝边疆吏民。

公元117年，辽西鲜卑酋长连体率从犯边，屠杀汉王朝官吏和百姓。汉王朝利用乌桓大人于秩居和连休的宿怨，联合乌桓，击破连休兵，斩首一千三百级，悉获其牛马财物。

公元118年，代郡（今河北蔚县）鲜卑万余骑犯边，分攻城邑，烧官寺、杀官吏而去。是年冬，又入侵上谷（今北京延庆区）攻打居庸关。

公元119年秋，鲜卑又攻马邑城武川塞（山西朔州），杀汉朝守边将士和边民，这是鲜卑第一次将其势力深入到雁门地区。汉王朝调度辽将军邓遵、中郎将马绩率南匈奴出塞进行反击，并大破鲜卑兵，获鲜卑牛羊财物甚多。

公元120年，辽西鲜卑大人乌伦、其至鞬率众来到邓遵帐前请求投降，汉王朝封乌伦为“率众王”，其至鞬为“率众侯”，并赏赐他们大批的财物。

公元121年，其至鞬叛汉，并率鲜卑兵攻居庸关，云中太守与之交战，被鲜卑兵所杀。于是，其至鞬又率兵围攻马邑城，王朝调幽州广阳、渔阳、涿郡兵赴救，其至鞬方率兵遁去，马邑城围方解。鲜卑兵屡杀汉王朝边疆吏民，东汉王朝无力制止，使鲜卑南侵意向更加强烈。

公元122年，其至鞬率鲜卑兵攻雁门，下定襄遂攻太原，抢劫掳掠，使东汉王朝备受其害。

公元123年冬，其至鞬率鲜卑兵万余骑，分兵数道，攻南匈奴于曼柏，南匈奴奠鞬日逐王战死，千余人被杀。第二年（延光三年）秋又发兵攻高柳，再次击南匈奴兵，并斩杀南匈奴渐将王。

公元126年，其至鞬又率兵攻代郡（今河北蔚县），汉太守李超战死。

公元127年春，汉王朝中郎将张国率南匈奴及汉兵万余骑出塞击鲜卑，大破之。与此同时，辽东鲜卑寇汉玄菟郡，汉乌桓校尉耿晔率守兵和乌桓兵奋起反击，大胜鲜卑兵，斩首数千级，大获其牛马财物。辽东鲜卑大人率众三万余人降汉。

公元128年至公元132年，其至鞬频率鲜卑兵攻汉朝渔阳、朔方和汉辽东各属国。汉王朝多次遣将耿晔率汉兵抗击鲜卑兵，胜负各有之。

其后，其至鞬死，鲜卑族入寇汉朝边境的活动才稍有减少。

二、檀石槐与鲜卑部落联盟的形成

鲜卑人生活在鲜卑山时，并无证据表明其曾经有过统一的部落联盟，其南下迁移至西拉木伦河和老哈河流域的进程，也还是各部落独立进行的，并不存在统一的领导。另外，鲜卑人扩散到整个漠南草原的历史过程，由于缺乏相关历史典籍的记载，因而也难以确定其是否是以部落联盟的形式进行的。但是，从总体而言，这种可能性也应当是极小的。但是，当鲜卑人进入漠北草原，进而试图控制整个蒙古草原的时候，他们越来越意识到单个部落力量的有限性。鲜卑人生存空间开拓的实际需要，呼唤一个强大的部落联盟的出现，呼唤一位强有力的领袖的出现。

东汉桓帝时（147—167），鲜卑族出现了一位杰出的领袖——檀石槐。

檀石槐大约生活在公元137—181年[1]，史籍载：

> 桓帝时，鲜卑檀石槐者，其父投鹿侯，初从匈奴军三年，其妻在家生子。投鹿侯归，怪欲杀之。妻言尝昼行闻雷震，仰天视而雹入其口，因吞之，遂妊身，十月而产，此子必有奇异，且宜长视。投鹿侯不听，遂弃之。妻私语家令收养焉，名檀石槐。（《后汉书·乌桓鲜卑列传》）

檀石槐之父名叫投鹿侯，曾在匈奴投军三年，其母在家产子，自言"尝昼行闻雷震，仰天视而雹入其口，因吞之，遂妊身，十月而产"。投鹿侯把孩子扔到荒郊野岭，但他的妻子却偷偷通知娘家人，让他们偷偷将孩子捡回来收养，这个孩子就是后来的檀石槐。

檀石槐奇异的诞生，当然带有鲜卑人传说的成分。其真实的情况，可能是檀石槐乃私生子。《诗经·大雅·生民》记载姜嫄履大人迹而生周人始祖后稷，只知其母不知其父，不过是母系社会"群婚制"的复杂反映。与此相同，檀石槐奇异的诞生，一方面是鲜卑婚制的反映，另一方面也带有自神其事的意味。

死里逃生的檀石槐长到十四五岁，在草原艰苦生活的磨砺下，开始变得智勇双全。他曾单骑击退另一部落的骚扰，夺回被劫掠的牛羊。草原的鲜卑部落惊讶无比，一个少年竟然仅凭一己之力几乎全歼勇健野蛮的劫掠者，这无论如何不能不说是一个奇迹。非

---

[1]檀石槐生卒年为后世学者推算，参见白寿彝总主编《中国通史》第6卷，上海人民出版社2015年版，第1266页。

凡的诞生，非凡的勇力，让檀石槐的声名传遍了草原，"由是部落畏服"，迅速成为本部落的首领。年轻的檀石槐表现出非凡的领袖才能，他实施法律公正，评断是非曲直，人们都心悦诚服，檀石槐的威信逐渐建立起来，没有人敢于挑战他的裁断和权威。在他的领导下，他所在的部落越来越强大，远近的其他鲜卑部落纷纷归附。于是，檀石槐被推举为鲜卑各部落的"大人"：

> 乃施法禁，平曲直，无敢犯者，遂推以为大人。（《后汉书·乌恒鲜卑列传》）

檀石槐在今陕西阳高以北三百里的弹汗山（今内蒙古商都附近）建立了自己的王庭，东征西讨，大约在公元2世纪中叶以后（156年左右）①，最终统一了鲜卑各部，并领导鲜卑人打败了北方的丁零、西方的乌孙以及东方的扶余人，完全控制了蒙古草原，"尽据匈奴故地"：

> 檀石槐乃立庭于弹汗山歠仇水上，去高柳北三百余里，兵马甚盛，东西部大人皆归焉。因南抄缘边，北拒丁零，东却夫余，西击乌孙，尽据匈奴故地，东西万四千余里，南北七千余里，网罗山川水泽盐池。（《后汉书·乌桓鲜卑列传》）

按《后汉书》的记载，檀石槐控制下的地区东西达一万四千余里，

---

① 王云度著：《秦汉史编年·汉桓帝永寿二年》，凤凰出版社2011年版，第1018页。

南北达七千余里，网罗山川、水泽、盐地，俨然已是帝国模样，风头一时无两。

鲜卑帝国广大的疆域，迫使檀石槐不得不实施有效管理。于是，檀石槐自分其地和其众为三部，各设大人领摄之：

> 乃自分其地为三部，从右北平以东至辽东，接夫余、濊貊二十余邑为东部，从右北平以西至上谷十余邑为中部，从上谷以西至敦煌，乌孙二十余邑为西部，各置大人主领之，皆属檀石槐。（《后汉书·乌桓鲜卑列传》）

> 乃分其地为中东西三部。从右北平以东至辽，（辽）〔东〕接夫余、〔濊〕貊为东部，二十余邑，其大人曰弥加、阙机、素利、槐头。从右北平以西至上谷为中部，十余邑，其大人曰柯最、阙居、慕容等，为大帅。从上谷以西至燉煌，西接乌孙为西部，二十余邑，其大人曰置鞬落罗、曰律推演、宴荔游等，皆为大帅，而制属檀石槐。（《三国志·魏书·乌丸鲜卑东夷传》裴松之注引《魏书》）

檀石槐借鉴匈奴人将帝国分为左、中、右三部分的方法，将其统治下的所有部落划分为东部、中部、西部三大区域。结合《后汉书》与《魏书》的相关记载来看，檀石槐的具体分域如下：

自汉朝的右北平郡以东，至辽东郡塞外与扶余、濊貊各族的居住地相接，为东部，包括二十多个较大的城邑（实际为部落），选大人弥加、阙机、素利、槐头统摄之；自东汉右北平郡以西，至上谷（今北京延庆区）十余邑为中部，选柯最、阙居、慕容为大人领摄之；从上谷以西至敦煌，西接乌孙为西部二十余邑，选置鞬落罗、日律推演、宴荔游为大人统摄之。檀石槐自封为鲜卑大单于，统摄各部。

其具体情况如下表：

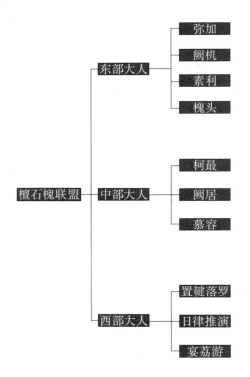

三、天之冥数——檀石槐与东汉的战争

檀石槐似乎注定是东汉的"克星"，以致《后汉书》将其称之为"天之冥数"。众所周知，桓、灵二帝时期，是汉代政权的"衰世"。对少数民族而言，他们对汉家政权一向采取"道畅则驯，时薄先离"的应对之策，即在汉家治道大行天下之时采取驯顺的态度，当汉家德薄位微之时则选择叛离。檀石槐无疑是汉家政权切齿痛

恨的"时薄先离"的鲜卑领袖的典型，但他是如此强大，以至于史书都不得不承认"石槐骁猛"。

统一后的鲜卑部族，在檀石槐的领导下，对东汉王朝发动了全面的进攻：

公元156年（永寿二年）秋，檀石槐亲率鲜卑三四千骑进攻云中（今内蒙古托克托县东北）。

公元159年，檀石槐又率兵攻打雁门，大肆抄掠，杀数百汉朝边民而还。

公元163年，檀石槐率兵攻打汉王朝辽东诸郡，汉王朝损失惨重。

公元166年，檀石槐分兵数道，进攻汉王朝北方九郡，杀掠边疆官吏、百姓。汉王朝无奈，派使者前去讲和，封檀石槐为鲜卑王，檀石槐拒不接受。

汉灵帝时（168—189），汉朝北方边境幽（今河北）、并（今山西）、凉（今陕西、甘肃）无岁不受到鲜卑族的进攻和掠夺，边疆民众被杀者不可胜计。仅公元177年这一年，檀石槐向汉王朝入侵就有三十余次，东汉王朝完全处于被动挨打的局面。议郎蔡邕上书汉灵帝说：

> 自匈奴遁逃，鲜卑强盛，据其故地，称兵十万，才力劲健，意智益盛。加以关塞不严，禁纲多漏，精金良铁，皆为贼有；汉人逃，为之谋主，兵利马疾，过于匈奴。（《后汉书·乌桓鲜卑列传》）

蔡邕认为，度德量力，此时的汉王朝已经不是檀石槐的对手，在这种情况下与鲜卑骑兵进行大规模决战无疑是十分危险的，因而汉军应该以坚守边塞的防御战为主。然而，汉灵帝并没有接受蔡邕的进谏。熹平六年（177），汉灵帝派遣夏育、田晏、臧旻各率骑兵一万，分三路出兵塞外，进攻鲜卑。檀石槐命令三部大人分别迎战，汉军大败而归，死者十之七八，汉朝三路主帅仅率数十名骑兵狼狈逃回塞内：

> 帝不从。遂遣夏育出高柳，田晏出云中，匈奴中郎将臧旻率南单于出雁门，各将万骑，三道出塞二千余里。檀石槐命三部大人各帅众逆战，育等大败，丧其节传辎重，各将数十骑奔还，死者十七八。（《后汉书·乌桓鲜卑列传》）

汉代长城是沿着朔方、云中、五原建造的，在这几个郡之外才是真正的关外。在一定意义上，汉王朝对鲜卑集团的战略空间被进一步地大幅压缩了。

以汉灵帝为代表的汉朝君臣，似乎轻视了鲜卑决战的意志和能力。《后汉书·乌桓鲜卑列传》注意到，促使檀石槐鲜卑部落联盟决意与汉王朝决一死战的原因，在于鲜卑部族生存资源的匮乏：

> 种众日多，田畜射猎不足给食，檀石槐乃自徇行，见乌侯秦水广从数百里，水停不流，其中有鱼，不能得之。闻倭人善网捕，于是东击倭人国，得千余家，徙置秦水上，令捕鱼以助粮食。（《后汉书·乌桓鲜卑列传》）

《后汉书》记载了当时以檀石槐为首的鲜卑部落联盟面临的问题，即人口繁衍过于迅速，仅靠畜牧、射猎，已经不足以维持整个鲜卑部落的生存。生存的窘境迫使檀石槐不得不别寻他法，当他巡视至"乌侯秦水"（今内蒙古老哈河）时，发现水深鱼肥，马上想到可以通过捕鱼来补充食物来源。但是，鲜卑部族是游牧民族，其渔猎经验还不足以获得老哈河丰富的渔业资源。由于不善捕鱼，檀石槐发兵"东击倭人国"，俘虏了一千多家"倭人"，迁徙他们到老哈河水畔为鲜卑人捕鱼，"以助粮食"。换句话说，正是生存资源的匮乏，才导致了鲜卑人的南侵和东汉王朝的边患。实际上，如果再考虑到当时全球气温变低，漠北草原受到寒冷气候的破坏，鲜卑人不得不南下寻找更为广阔的生存资源，其对东汉王朝的侵扰，也就势在必行了。

很显然，檀石槐已经做好了与东汉王朝一决雌雄的准备，当东汉王朝对他予以册封时，他毅然决然地拒绝了：

> 乃更遣使者赍印绶，即封檀石槐为王，欲与和亲。檀石槐拒不肯受，寇钞滋甚。（《三国志·魏书·乌丸鲜卑东夷传》裴松之注引《魏书》）

问题的关键在于，如果鲜卑人不想重走北匈奴的老路，不想远走他方，就必须在固守原地的基础上向南进军，赢得对汉王朝的战争，以获得急需的生活资料。也正是因为这一点，檀石槐与汉王朝的决裂之心才如此决绝，才如此坚定。

檀石槐是典型的"卡里斯马"（Charisma）[①]式领袖，他以其自身无比的领袖魅力征服了鲜卑各族，成为鲜卑各个部族仰望的精神领袖。但是，公元181年檀石槐溘然长逝，年仅45岁，鲜卑人失去了他们作为凝聚力的轴心人物。

檀石槐去世三年后，汉王朝统治下的中原地区爆发了黄巾大起义。在黄巾大起义面前，汉王朝惊慌失措，不得不调动地方地主势力予以镇压。黄巾大起义虽然最终被镇压下去，但由此而产生的地方割据势力呈现出尾大不掉之势，不再听命于中央政府，陷入军阀割据的战争状态。在这种情况下，中原政权已经无力再北伐草原民族了。

比起中原政权的衰弱状态，檀石槐死后的鲜卑部落联盟的境况也好不到哪里去。当鲜卑部族失去了一位各个部落都衷心拥戴的首领后，分裂已是不可避免的结局。

第二节　轲比能部落联盟

一、檀石槐死后的三部集团

檀石槐死后，历史逐步进入东汉末期。

---

①卡里斯马（Charisma）这一术语原由德国思想家马克斯·韦伯提出，原指古代宗教的先知、战争英雄，这种英雄在混乱之际临危受命，以其无人能及的气魄和能力创造了历史。卡里斯马式人物具有把人们吸引在周围而成为追随者、信徒的能力，以及追随者具有拥护这类领袖人物的赤诚态度。二者的结合便构成了卡里斯马型统治的合法性依据。

鲜卑部落联盟在檀石槐子孙内部的权力争夺中逐步分崩离析，以致最终瓦解。

据《三国志·魏书·乌桓鲜卑东夷传》记载："（轲比能）后与东部鲜卑大人素利及步度根三部争斗，更相攻击。"

由是可知，在鲜卑各族的征战中，鲜卑部族逐渐分化为三个势力较大的集团：檀石槐孙步度根率领的旧部集团，轲比能率领的新兴集团，原檀石槐部落联盟中的东部大人素利、弥加、阙机等人组成的东部部落集团。

檀石槐统一漠南鲜卑时以右北平东为东部，右北平到上谷为中部，上谷以西为西部，势力范围已经压着幽、并二州。檀石槐死后，西部鲜卑分裂，漠南自云中以东一分为三，步度根集团拥众数万占据云中、雁门一带，轲比能集团分布于代郡、上谷等地，原联盟东部鲜卑所领若干小部落散布在辽西、右北平、渔阳一带。

> 光和中，檀石槐死，时年四十五，子和连代立。和连才力不及父，亦数为寇抄，性贪淫，断法不平，众畔者半。后出攻北地，廉人善弩射者射中和连，即死。其子骞曼年小，兄子魁头立。后骞曼长大，与魁头争国，众遂离散。魁头死，弟步度根立。自檀石槐后，诸大人遂世相传袭。（《后汉书·乌桓鲜卑列传》）

檀石槐死后，其子和连成为鲜卑人的最高首领。和连的才能、勇武都不及其父，本性贪婪无度，断法不公，鲜卑部众纷纷叛离。和连秉承了鲜卑人一贯寇略东汉边境的习惯，后来在出击汉朝北地边郡时，在廉县被汉军的弩箭射死。

　　当时,和连的儿子骞曼尚幼,无法担当最高首领的重任,于是鲜卑诸大人公推和连兄长之子魁头继承和连的位置。后来,骞曼渐渐长大,与魁头争夺鲜卑首领之位,两兄弟各率部众刀兵相见,鲜卑军事大联盟宣告瓦解。由此,鲜卑各部大人开始拥兵自重,各行其是,大人之位也开始世袭。

　　魁头死后,其弟步度根继任,其部众势力呈现出衰弱之势。此时,步度根集团再次出现分裂,其兄扶罗韩率众数万人自立为大人,分出独立发展:

　　　　鲜卑步度根既立,众稍衰弱,中兄扶罗韩亦别拥众数万为大人。
(《三国志·魏书·乌丸鲜卑东夷传》)

檀石槐以后的世系关系见下表:

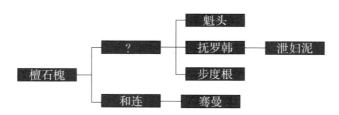

　　檀石槐死后,其子孙的内耗导致鲜卑各部大人对檀石槐所部的敬畏之心日减,他们不再认为鲜卑的最高首领非檀石槐子孙莫属,开始按照游牧民族古老的选举制度,寻找新的才能出众的人来担任鲜卑人的最高首领。在大浪淘沙一样的鲜卑历史进程中,轲比能渐渐进入人们的视野。

　　轲比能出身不详,史书记载说:

轲比能本小种鲜卑，以勇健，断法平端，不贪财物，众推以为大人。（《三国志·魏书·乌丸鲜卑东夷传》）

轲比能出身的"小种鲜卑"意义不详，多数学者猜测，"小种"指的可能是鲜卑族群中的小部落，因为在檀石槐建立的鲜卑军事大联盟中并没有轲比能。轲比能颇具武力，天性勇健，在裁断部落纠纷时能做到执法公平，且不贪财物，于是鲜卑部众推举其为大人。

轲比能所在部落的游牧地域，离三国时代的军阀袁绍统治区域较近：

部落近塞，自袁绍据河北，中国人多亡叛归之，教作兵器铠楯，颇学文字。故其勒御部众，拟则中国，出入弋猎，建立旌麾，以鼓节为进退。（《三国志·魏书·乌丸鲜卑东夷传》）

受中原文明的熏陶，轲比能部落无论是在文化教育、军事制度、兵器制造还是政治各方面，都自觉效仿中原文明，这无疑为轲比能部落的强大提供了先决条件。

素利、弥加、阙机（厥机）等人，本是檀石槐部落联盟的东部大人。檀石槐死后，他们率部脱离部落联盟，并组建了"割地统御，各有分界"的东部部落集团。与早期鲜卑部落各自为政、互相攻伐不同，素利、弥加、阙机（厥机）所部不仅能够和平相处，甚至还有互助行为：

素利、弥加、厥机皆为大人，在辽西、右北平、渔阳塞外，道

远初不为边患，然其种众多于比能。(《三国志·魏书·乌丸鲜卑东夷传》)

东部部落集团是三大集团中人口最多、实力最强的一个。

二、三大部落集团与中原政权的关系

如上的三大鲜卑部落集团，"割地统御，各有分界"，彼此统治区域有着明确的界限，且不互相分属，与中原政权呈现出时和时叛的关系。其中的重要原因，一方面是因为檀石槐部落大联盟的解体，使得鲜卑短时间内无法再度形成统一的领导核心，无力对中原发动大规模的侵袭；另一方面，中原政权此时已经进入东汉末期，东汉政权的衰微以及魏、蜀、吴三家呈鼎足三分之势，无法形成合力对鲜卑给予有效打击。

当然，鲜卑也不时对中原边境有所侵扰：

后代郡乌丸反，比能复助为寇害。(《三国志·魏书·乌丸鲜卑东夷传》)

数犯塞寇边，幽、并苦之。(《三国志·魏书·乌丸鲜卑东夷传》)

他们甚至对中原政权不无戒心，共同约定绝不将良马卖给中原，以维护鲜卑人在骑兵作战方面的优势：

比能、弥加、素利割地统御，各有分界；乃共要誓，皆不得

以马与中国市。(《三国志·魏书·田豫传》)

虽则如此,但双方大体上维持着相对和平的态势。

东汉末年,中原封建政权对北方边塞的控制力大大削弱,公元215年,曹操强迫汉献帝下诏罢除云中、定襄、五原、朔方郡。后来,这些郡被乔迁到陉岭以南,使得塞外这一地区出现了权力真空。轲比能兼并各支分散的鲜卑势力,还有逃到小种鲜卑活动区的汉人,占领云中、五原等地,占据了原来匈奴人居住的地区,拥有了自云中、五原以东直至辽河流域的广大地区,并建立了鲜卑庭:

> 后鲜卑大人轲比能复制御群狄,尽收匈奴故地,自云中、五原以东抵辽水,皆为鲜卑庭。(《三国志·魏书·乌丸鲜卑东夷传》)

当轲比能在鲜卑显露头角的时候,曹操已经在北方割据混战的群雄中脱颖而出。在官渡之战打败袁绍以后,挟天子以令诸侯的曹操逐步统一了北方。在檀石槐死后鲜卑内部的混乱局势中,原来一直依附于鲜卑的乌桓人开始脱离鲜卑集团,发展自己的势力。其中辽东、辽西、右北平三个郡的乌桓人势力最为强大,并结成联盟,被称之为"三郡乌桓"。"三郡乌桓"与河北军阀袁绍关系密切:

> 建安初,冀州牧袁绍与前将军公孙瓒相持不决,蹋顿遣使

诣绍求和亲，遂遣兵助击瓒，破之。绍矫制赐蹋顿、难楼、苏仆
延、乌延等，皆以单于印绶。(《三国志·魏书·乌丸鲜卑东夷传》)

　　会袁绍兼河北，乃抚有三郡乌丸，宠其名王而收其精骑。其
后尚、熙又逃于蹋顿。蹋顿又骁武，边长老皆比之冒顿，恃其阻
远，敢受亡命，以雄百蛮。(《三国志·魏书·乌丸鲜卑东夷传》)

建安四年 (199)，袁绍与公孙瓒之间相持不下，后乌桓首领蹋顿派
遣使者向袁绍求和，为表诚意，遂率军与袁绍一道击破公孙瓒。袁
绍以汉献帝名义，封乌桓蹋顿、峭王苏仆延、汗鲁王乌延以单于印
绶，最后"抚有三郡乌丸，宠其名王而收其精骑"。后来，袁绍被曹
操击败，其子袁熙、袁尚皆逃往蹋顿处。由此可见，"三郡乌桓"与
袁绍关系之密切。

　　蹋顿的所作所为当然引起了曹操的愤怒。为从根本上铲除袁
氏势力，他不顾谋士的劝阻，毅然出兵打败乌桓：

　　　太祖潜师北伐，出其不意，一战而定之，夷狄慑服，威振朔
土。遂引乌丸之众服从征讨，而边民得用安息。(《三国志·魏
书·乌丸鲜卑东夷传》)

　　　建安十二年，曹操自征乌桓，大破蹋顿于柳城，斩之，首虏
二十余万人。袁尚与楼班、乌延等皆走辽东，辽东太守公孙康并
斩送之。其余众万余落，悉徙居中国云。(《后汉书·乌桓鲜卑
列传》)

　　从此以后，"三郡乌桓"为曹操所统御，在曹操平定北方的过

程中成为其得力助手，一时间有"三郡乌丸为天下名骑"之说。"三郡乌桓"虽然屡立奇功，但他们再也没有回到西拉木伦河和老哈河流域。"三郡乌桓"势力的退出，为鲜卑东部各部消灭了一个强有力的竞争对手，乌桓人被曹操强制南迁进入中原，将西拉木伦河和老哈河流域完全留给了鲜卑人，东部鲜卑部落集团因而迅速强大起来。

东部鲜卑部落的强大并未引起轲比能的足够重视，虽然他也与其时有冲突，但是他此时却将重点放在对付西部的步度根集团上面。原因在于，只有击败作为檀石槐孙子的步度根集团，轲比能才能建立起其正统地位。步度根的军事才能远逊于轲比能，在战场上节节败退，他此时不得不思考自振之方。一方面，步度根主动投降新建立的曹魏政权，以便利用曹魏政权的势力对轲比能进行牵制：

> 文帝践阼，田豫为乌丸校尉，持节并护鲜卑，屯昌平。步度根遣使献马，帝拜为王。后数与轲比能更相攻击，步度根部众稍寡弱，将其众万余落保太原、雁门郡。（《三国志·魏书·乌丸鲜卑东夷传》）

另一方面，步度根在与轲比能数番较量战败之后，开始了对轲比能部下将领的策反工作：

> 步度根乃使人招呼泄归泥曰："汝父为比能所杀，不念报仇，反属怨家。今虽厚待汝，是欲杀汝计也。不如还我，我与汝

是骨肉至亲,岂与仇等?"由是归泥将其部落逃归步度根,比能追之弗及。(《三国志·魏书·乌丸鲜卑东夷传》)

泄归泥是步度根的侄子,泄归泥之父扶罗韩为轲比能所杀:

> 后代郡乌丸能臣氐等叛,求属扶罗韩,扶罗韩将万余骑迎之。到桑干,氐等议,以为扶罗韩部威禁宽缓,恐不见济,更遣人呼轲比能。比能即将万余骑到,当共盟誓。比能便于会上杀扶罗韩,扶罗韩子泄归泥及部众悉属比能。比能自以杀归泥父,特又善遇之。(《三国志·魏书·乌丸鲜卑东夷传》)

事情的原委是这样:建安年间,曹操在平定乌桓以后,乌桓的能臣氐复叛,一开始他准备投靠扶罗韩部。扶罗韩大喜过望,率领一万多骑兵迎接能臣氐。但到达桑干后,能臣氐在与部众细细商量之后认为扶罗韩不足依靠,轲比能部倒是更可依仗。于是,能臣氐遣使联系轲比能,轲比能遂亲率一万余骑兵前来。扶罗韩、能臣氐与轲比能三方约定共同盟誓,但在盟会之时,轲比能忽动杀机,杀害了与会的扶罗韩。扶罗韩之子泄归泥由此与轲比能结下了不共戴天之仇。但聪明的轲比能不知施展何计,一番厚待之下,竟让泄归泥俯首臣服。

泄归泥与轲比能之间这样的一段恩怨,表面上平息了。但是,这种刻骨的仇恨只要有一个小小的火星的刺激,就会重新燃烧,并发展为燎原之火。于是,步度根暗中派人去见他的侄子泄归泥,对他说:"你的父亲被轲比能所杀,你如今不思报父仇,却反而归属你的仇人。轲比能如今虽然厚待于你，那只不过是他要设计杀你的计策。你不如回到我这里，我与你是骨肉至亲，怎么能够和仇人相提并论呢？"于是，泄归泥反水，率部投奔步度根，轲比能的势力因而受到大幅削弱。

在此情况下，聪明的轲比能马上认识到曹魏政权举足轻重的作用，他也开始着手调整与曹魏政权的关系。他向曹魏政权进贡，接受"附义王"的称号，希望由此获得曹魏政权的介入和保护：

> 比能走出塞，后复通贡献。延康初，比能遣使献马，文帝亦立比能为附义王。(《三国志·魏书·乌丸鲜卑东夷传》)

轲比能为赢得曹魏政权的好感，先后两次将两千多家流落在鲜卑中的中原汉族送回代郡和上谷郡：

> 黄初二年，比能出诸魏人在鲜卑者五百余家，还居代郡。(《三国志·魏书·乌丸鲜卑东夷传》)

同时，轲比能上书给曹魏辅国将军鲜于辅，表达对曹魏政权归附的恳切之心：

> 夷狄不识文字，故校尉阎柔保我于天子。我与素利为仇，往年攻击之，而田校尉助素利。我临陈使琐奴往，闻使君来，即便引军退。步度根数数钞盗，又杀我弟，而诬我以钞盗。我夷狄虽不知礼义，兄弟子孙受天子印绶，牛马尚知美水草，况我有人

心邪！将军当保明我于天子。(《三国志·魏书·乌丸鲜卑东夷传》)

轲比能给辅国将军鲜于辅写信说："我们少数民族人不识字，所以前任护乌丸校尉阎柔把我保荐给天子。我与素利是仇人，去年我攻打素利，而田校尉却帮助素利。我临阵派琐奴前往抵御，听说君带兵来到，我马上领军撤退。步度根多次对我进行抢掠，又杀害我弟弟，反而诬蔑我抢掠。我们少数民族人虽不懂得礼义，但兄弟子孙都接受天子的印绶，牛马还知道水草的鲜美，更何况我还有人心呢！将军当向天子替我担保。"在此信中，轲比能已经充分意识到曹魏政权对鲜卑部落力量对比形成的重要作用，于是他以一番貌似诚恳的言辞，向曹魏政权表明永不叛变的决心。鲜于辅得到书信后上奏曹魏朝廷，魏文帝又派田豫去招纳安慰轲比能。轲比能的兵众从此开始强大，有能征善战的骑兵十多万人。

不仅如此，轲比能还积极要求与曹魏政权进行互市贸易：

明年，比能帅部落大人小子代郡乌丸修武卢等三千余骑，驱牛马七万余口交市，遣魏人千余家居上谷。(《三国志·魏书·乌丸鲜卑东夷传》)

轲比能亲率部落大人等三千余人，驱赶牛马七万余头，前去与曹魏进行贸易互换。这种贸易无疑让轲比能部落获益很大。农耕经济与游牧经济的互补性，使得轲比能能够获得许多草原紧缺的物资，进一步增强了其部落的实力。

除步度根、轲比能集团之外，东部鲜卑部落集团也一直与中原政权保持着密切的联系：

> 建安中，因阎柔上贡献，通市，太祖皆表宠以为王。厥机死，又立其子沙末汗为亲汉王。延康初，又各遣使献马。文帝立素利、弥加为归义王。（《三国志·魏书·乌丸鲜卑东夷传》）

早在建安中期，东部鲜卑的部落大人即遣使与中原政权通好，曹操上表汉献帝"表宠以为王"。在东部大人厥机死后，又立他的儿子沙末汗为亲汉王。汉献帝延康初年，东部鲜卑又遣使奉献名马。到曹魏文帝时期，复立其大人素利、弥加为归义王。

由此看来，步度根、轲比能与东部鲜卑集团都在不同的历史时期，各自与中原政权建立了或强或弱的联系，在更多的时间里，由于曹魏政权的中立，三部之间虽互有攻伐，但大体相安无事，而刚刚建立的曹魏政权因忙于稳固边疆以及与蜀汉和东吴作战，也无力顾及边疆问题。其间鲜卑部落大人不断朝贡曹魏，曹魏也对部落大人进行册封，鲜卑与曹魏维持了一段时间的和平友好关系。

三、轲比能部落联盟的建立

轲比能志在统一鲜卑各部，由此，他与各部之间展开了兼并战争。

黄初二年（221），轲比能与东部鲜卑大人素利及步度根三部争斗，更相攻击。

黄初三年（222），轲比能与步度根之间展开战争。

　　黄初五年（224），步度根集团"部众稍弱，将其众万余落保太原、雁门；是岁，诣阙贡献"，轲比能集团因为早已占据步度根集团故地①，"众遂强盛，出击东部大人素利"。

　　步度根集团在成功策反泄归泥后，其实力迅速壮大。但是，轲比能对步度根的兼并和削弱，让步度根非常清楚地认识到，其实力尚不足与轲比能集团相匹敌。于是，他转而彻底投向曹魏的怀抱，为其守边：

> 　　至黄初五年，步度根诣阙贡献，厚加赏赐，是后一心守边，不为寇害。（《三国志·魏书·乌丸鲜卑东夷传》）

　　魏明帝曹睿即位初，"务欲绥和戎狄，以息征伐，羁縻两部而已"，对步度根与轲比能两部采取"羁縻"之策，对其加以拉拢，不让任何一方做大，而是让其互相牵制，以图化解边患。

　　但是，至魏明帝青龙元年（233），曹魏的"羁縻"之策开始失效，已经投靠曹魏的"保塞鲜卑大人"步度根开始与轲比能暗通款曲，有叛变合一之意：

> 　　至青龙元年，比能诱步度根深结和亲，于是步度根将泄归泥及部众悉保比能，寇钞并州，杀略吏民。（《三国志·魏书·乌丸鲜卑东夷传》）

---

① 马长寿谓："太和二年（228）以前轲比能已经占据了云中故郡。……这一带原系步度根的属地。"（马长寿：《乌桓与鲜卑》，广西师范大学出版社2006年版，第177—178页）

　　轲比能与步度根逐渐认识到，两个部落集团虽然都向曹魏政权靠拢，但他们之间的相互残杀，最终将使曹魏政权"渔翁得利"。于是，在争斗中处于强势地位的轲比能，主动向步度根示好，表示愿意与他和平共处，联手对付共同的敌人。但前提是步度根必须摆脱并州刺史的控制，北上回到草原。同时，为了表示自己的诚意，轲比能主动向步度根提出联姻的请求。基于共同的利益基础，步度根接受了轲比能的请求。

　　即将复兴的鲜卑对曹魏政权无疑是不利的。因此，曹魏政权开始对轲比能、步度根集团进行征伐：

　　　　保塞鲜卑大人步度根与叛鲜卑大人轲比能私通，并州刺史毕轨表，辄出军以外威比能，内镇步度根。帝省表曰："步度根以为比能所诱，有自疑心。今轨出军，适使二部惊合为一，何所威镇乎？"促敕轨，以出军者慎勿越塞过句注也。比诏书到，轨以进军屯阴馆，遣将军苏尚、董弼追鲜卑。比能遣子将千余骑迎步度根部落，与尚、弼相遇，战于楼烦，二将〔败〕没。步度根部落皆叛出塞，与比能合寇边。遣骁骑将军秦朗将中军讨之，虏乃走漠北。（《三国志·魏书·明帝纪》）

当轲比能与步度根集团逐渐接近时，这一苗头首先为时任并州刺史的毕轨所察觉。他上表曹魏朝廷，请旨征讨，以达到"外威比能，内镇步度根"的目的。魏明帝曹睿看了毕轨的奏表之后，认为步度根之所以与轲比能暗通款曲，主要是受到了轲比能的诱惑和挑拨，因而产生了疑虑。如果毕轨现在出兵讨伐步度根和轲比能，恰好坚定了步度根叛乱的决心,势必使步度根和轲比能两股势力合二为一,根本无法起到"外威比能,内镇步度根"的目的。曹睿虽然有这样的疑虑,但是他还是派遣使者催促毕轨出兵了。

《三国志·魏书·牵招传》载:当时"鲜卑大人步度根泄归泥等与轲比能有隙。将部落三万余家诣郡(雁门郡)附塞"。鲜卑步度根部入居汉地的范围包括今山西忻州、晋中地区(其时雁门郡已南迁),其所保之塞,指的也是汉代的内长城一线。步度根集团人口数量也相当可观,达"三万余家",保守估计也起码有数万之众。轲比能部的活动区则主要在塞外,势力更加强大,号称"控弦十万余骑"。二者一居塞内,一居塞外,兵力庞大。这当然引起了魏明帝的忌惮,于是他明令毕轨出兵不得越出塞外超过句注山。毕轨在接到诏书后,随即派遣大将追击"叛逃"的步度根鲜卑集团。苏尚、董弼的军队与接应步度根的轲比能之子的骑兵相遇,双方在楼烦展开大战,曹魏军队全军覆没。

当然,曹魏政权后来又派遣大将秦朗对步度根进行了讨伐:

> 遣骁骑将军秦朗将中军讨之,虏乃走漠北。……冬十月,步度根部落大人戴胡阿狼泥等诣并州降,朗引军还。(《三国志·魏书·明帝纪》)
>
> 帝遣骁骑将军秦朗征之,归泥叛比能,将其部众降,拜归义王,赐幢麾、曲盖、鼓吹,居并州如故。步度根为比能所杀。(《三国志·魏书·乌丸鲜卑东夷传》)

秦朗的讨伐,对步度根集团造成了毁灭性的打击,旧部集团宣告覆灭，旧部集团部落大人戴胡阿狼泥以及步度根的侄子泄归泥等人分率众归降曹魏，步度根则率领所部进入新兴的轲比能集团。此后，轲比能乘机杀掉步度根，旧部集团由此也为轲比能所兼并。

轲比能统一东部鲜卑的经过，历史记载不是非常清晰。

黄初三年（222）以后，轲比能和素利展开战争，相互攻击。经过魏护乌桓校尉田豫的调和，始不相侵。如前文所述，后来在魏明帝太和二年（228），因为马市问题，轲比能、素利、弥加联合起来，共结盟誓，相约不以马匹与官方互市。

但是，轲比能与素利集团和平的局面并没有维持太长时间：

> 豫以戎狄为一，非中国之利，乃先构离之，使自为仇敌，互相攻伐。素利违盟，出马千匹与官，为比能所攻，求救于豫。豫恐遂相兼并，为害滋深，宜救善讨恶，示信众狄。（《三国志·魏书·田豫传》）

田豫唆使素利违盟，出马千匹与魏交易，轲比能因为素利违背共同的盟约，于是出兵攻击东部素利集团。素利不敌，求救于田豫，田豫领西部鲜卑附头、泄归泥等出塞，孤军深入，无所获而还。还至马城（今河北怀安北），轲比能率兵三万骑，围困七日。时上谷太守阎志，系护乌桓校尉阎柔的兄弟，素为鲜卑所信，前往调喻，轲比能始解围而去。史载太和二年（228）素利死，以弟成律归为王，代摄其众。马长寿说，轲比能之并东部当在此年以后①。关于轲比能

---

① 马长寿：《乌桓与鲜卑》，广西师范大学出版社2006年版，第179页。

统一漠南草原的过程，在《三国志·魏书·乌丸鲜卑东夷传》总序中亦有一段概括的叙述：

> 　　后鲜卑大人轲比能复制御群狄，尽收匈奴故地。自云中、五原以东抵辽水，皆为鲜卑庭。数犯塞寇边，幽、并苦之。田豫有马城之围，毕轨有陉北之败。

"云中、五原以东抵辽水"，其地理区域相当于原步度根集团和东部集团统治的地理区域，从这段话里也可以看到，除西部鲜卑外，中东二部大体上也由轲比能统一起来，轲比能部落联盟由此建立。

四、轲比能部落联盟的分裂

自檀石槐部落联盟解散后，鲜卑族一直处于护乌桓校尉管辖之下。为了抑制鲜卑部落的发展，历任护乌桓校尉无一不采取扶持乌桓抑制鲜卑的策略。轲比能虽然对此不满，却也不敢公然与曹魏对抗，而是采取首鼠两端的斗争策略，对曹魏时从时叛。

起初，轲比能一直想讨好曹魏，以求曹魏可以在其对东部鲜卑大人的战争中保持中立，早在魏太和五年（231）的四月，轲比能曾率领其统辖下的丁零大人儿禅一起到幽州向曹魏进献名马，以求缓和与曹魏的关系。

但就在同一年，蜀汉丞相诸葛亮开始了第四次北伐：

> 　　（章武）九年，亮复出祁山，以木牛运。（《三国志·蜀

书·诸葛亮传》)

> 招以蜀虏诸葛亮数出，而比能狡猾，能相交通，表为防备，议者以为县远，未之信也。会亮时在祁山，果遣使连结比能。比能至故北地石城，与相首尾。(《三国志·魏书·满田牵郭传》)

在诸葛亮的指挥下，蜀军进军祁山，并造木牛解决军粮运输问题。诸葛亮的进攻引起了曹魏朝廷的注意，时任护乌桓校尉的牵招敏锐地注意到，轲比能极有可能与诸葛亮互相交通并与之呼应，对曹魏发动进攻。牵招曾就此事对曹魏朝廷上表，但廷议认为诸葛亮与轲比能相隔悬远，互相勾结的事情根本不可能发生。

但是，事态还是沿着牵招所预料的方向发展了。

就在诸葛亮第四次北伐的当年三月，曹魏政权的大将曹真病薨，于是魏明帝派遣司马懿领兵抵御蜀军：

> 三月，大司马曹真薨。诸葛亮寇天水，诏大将军司马宣王拒之。(《三国志·魏书·明帝纪》)

司马懿采取坚守不出的战略：

> 《魏书》曰：初，亮出，议者以为亮军无辎重，粮必不继，不击自破，无为劳兵；或欲自芟上邽左右生麦以夺贼食，帝皆不从。前后遣兵增宣王军，又敕使护麦。宣王与亮相持，赖得此麦以为军粮。(《三国志·魏书·明帝纪》裴松之注)

曹魏料到诸葛亮远道来袭，军队辎重粮食必不能继，同时增兵保护魏军军粮，与蜀军打起了消耗战。诸葛亮与司马懿相持，久不能下。为打破僵持局面，诸葛亮派遣使者到鲜卑，邀请轲比能与蜀军联合夹击曹魏。正在受曹魏困扰的轲比能马上接受了诸葛亮的请求：

> 《汉晋春秋》曰：亮围祁山，招鲜卑轲比能，比能等至故北地石城以应亮。（《三国志·魏书·诸葛亮传》）

在得到诸葛亮的请求以后，一直蠢蠢欲动的轲比能亲自率部队至北地郡石城（今甘肃皋兰西北），要与诸葛亮首尾相应，夹击魏军。然而，正当轲比能准备展开大规模军事行动的时候，蜀魏之间的战事却发生了意想不到的变化。五月十日，在众将的积极要求下，司马懿出兵与蜀军决战，结果大败而回，被杀三千人。六月，蜀军粮尽，不得不退兵。魏将张颌追击蜀军，至木门谷遇到蜀军埋伏，中箭身亡。此后，蜀军退回四川，魏军后撤，诸葛亮的第四次北伐宣告结束。得到这个消息后，轲比能只能无奈地收兵退回草原。

轲比能虽然未能与蜀军协同抗击魏军，但其叛魏归蜀的举动却引起了曹魏政权的震动。他们终于深刻地意识到，轲比能已经对其政权构成了重大威胁。上天眷顾，曹魏政权在诸葛亮的第四次北伐中采取了正确的策略，而诸葛亮也由于粮尽而退兵。但是，如果诸葛亮没有在恰当的时候撤退，而是与轲比能兵合一处，则曹魏政权岌岌可危。此次曹魏政权虽然侥幸摆脱了诸葛亮与轲比能前后夹击的局面,但谁又能保证轲比能不会在下一次诸葛亮北伐的时候又对曹魏构成威胁呢?

于是,曹魏政权趁着与蜀、吴没有战事的机会,令大将牵招讨伐轲比能。

但是,此时轲比能的军事实力已经非常强大,号称控弦之士十余万人,如果牵招贸然与之作战,并无必胜的把握。另外,如果曹魏与轲比能的战争久拖不决,必然给虎视其侧的吴、蜀以可乘之机。所以,众多的原因都决定了曹魏政权必须速战速决。因此,魏明帝曹睿接受了幽州刺史王雄的建议,决定采取一种低成本的办法——暗杀,以此来肢解鲜卑:

> 青龙中,帝乃听王雄,遣剑客刺之。然后种落离散,互相侵伐,强者远遁,弱者请服。由是边陲差安,漠南少事,虽时颇钞盗,不能复相扇动矣。(《三国志·魏书·乌丸鲜卑东夷传》)
>
> 至三年中,雄遣勇士韩龙刺杀比能,更立其弟。(《三国志·魏书·乌丸鲜卑东夷传》)

问题的关键在于,"边夷之叛,决非其民族全体之意志,乃为一二凶酋之野心耳,故名将镇边,但诛逆谋之凶酋一人,决不妄灾及无辜,而夷狄感之乃愈深"[1],"此法遂为中华朝廷治边乱,最经济、最有效之良法。流一二人之血以免伏尸百万之惨,故常被采

---

[1]吴其昌著,吴令华主编:《史学论丛·魏晋六朝边政的借鉴·一》,三晋出版社2009年版,第452页。

用"①。曹魏青龙三年（235），幽州刺史王雄派遣剑客韩龙刺死轲比能。轲比能遇刺后，改立其弟统率鲜卑部众。但是，其弟的才能显然远不及轲比能，鲜卑部落很快"种落离散，互相侵伐"，游牧民族在失去了强有力的领袖后，其弱点非常明显地暴露了出来。

至此，轲比能统一鲜卑部落的进程终止，鲜卑各部落进入独自发展的历史时期。在相当长的时间里，虽然他们对边境时有寇扰，但已经无法形成大的气候，再没有一个统一的鲜卑部落联盟能对曹魏政权构成实质的威胁，

鲜卑各部同出一源，他们共同诞生于大鲜卑山（大兴安岭）。受气候的驱使，他们辗转迁徙，最终在杰出领袖檀石槐的领导下实现了第一次部落联盟，并由此推举出东、中、西三部大人。

檀石槐部落联盟分裂后，世袭的诸部大人便逐渐形成了同属鲜卑族而族称不同的各部族。据史籍记载，鲜卑的慕容、宇文、拓跋三大部族的首领，便分别是檀石槐联盟的中、东、西三部大人。及至"小种鲜卑"轲比能统一漠南草原，建立鲜卑庭以后，鲜卑的东部和中部部族实现了短暂的联盟。待到轲比能遇刺，鲜卑各部族便又走上了独自发展的历史时期，由此在中国历史舞台上演出了一幕幕历史的活剧。

---

①吴其昌著，吴令华主编：《史学论丛·魏晋六朝边政的借鉴·一》，三晋出版社2009年版，第453页。

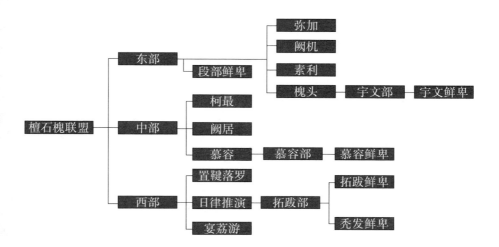

第三章

鲜卑三部

第一节　慕容鲜卑

引子　慕容鲜卑的来源与迁徙

关于慕容鲜卑的来源，《晋书·载记·慕容廆》记载说：

> 其先有熊氏之苗裔，世居北夷，邑于紫蒙之野，号曰东胡。
> 其后与匈奴并盛，控弦之士二十余万，风俗官号与匈奴略同。秦汉
> 之际为匈奴所败，分保鲜卑山，因以为号。

在《晋书》的叙述里，慕容鲜卑原号东胡，世居北方，风俗习惯与
匈奴略同，后因争夺生存空间为匈奴所迫，遁入鲜卑山，因而获得
鲜卑的名号，这与我们前文对鲜卑来源的描述相合。

学者一般认为，慕容部鲜卑名称来源于檀石槐部落联盟的中
部大人之一"慕容"。据《资治通鉴·晋纪三》胡三省注："《魏书》
曰：汉桓帝时，鲜卑檀石槐分其地为东、中、西三部，中部大人曰柯
最、阙居、慕容等，为大帅，是则慕容部之始也。"

据《晋书》记载，公元3世纪早期，慕容部已经在其首领莫护跋
的带领下进入辽西地区，从此开始了其漫长而艰难的发展历程：

> 曾祖莫护跋，魏初率其诸部入居辽西，从宣帝伐公孙氏有
> 功，拜率义王，始建国于棘城之北。（《晋书·载记·慕容廆》）

史书中记载，慕容部曾经追随司马懿的部队讨伐在曹魏时期

割据辽东的公孙氏政权，其首领莫护跋因为战功卓著而被曹魏封为率义王，并建国于棘城之北。

关于慕容部名称的来历，《晋书》的记载与胡三省的说法颇有出入：

> 时燕代多冠步摇冠，莫护跋见而好之，乃敛发袭冠，诸部因呼之为步摇，其后音讹，遂为慕容焉。或云慕二仪之德，继三光之容，遂以慕容为氏。（《晋书·载记·慕容廆》）

一种说法是，莫护跋在进入辽西地区后，见到当地居民流行戴步摇冠，他非常喜欢，于是"敛发袭冠"，抛弃了鲜卑人的传统发式，也改戴步摇冠，他所率领的部落就被其他鲜卑部落称为"步摇"。后来，"步摇"讹变为"慕容"，积非成是，莫护跋所率领的鲜卑部落就被称为"慕容"鲜卑。

另一种说法是，莫护跋所率领的鲜卑部落"慕二仪之德，继三光之容，遂以慕容为氏"。所谓"二仪"，指阴与阳；"三光"，指日、月、星。莫护跋因为羡慕中原文化，所以才将部落名称改为慕容。

如上三种说法各有不能自圆其说的漏洞。

对第一种说法，有的学者提出疑问。至晚在公元2世纪，作为檀石槐中部大人之一的慕容就已经迁入漠南草原，成为檀石槐部落联盟的成员。按照胡三省的说法，慕容鲜卑得名当在此时。但是按照如上我们引述的《晋书》的记载，慕容部的名称却起源于莫护跋之后，即3世纪以后。

对第二种说法，考古学界在辽宁省北票市西官营子的北燕冯素弗墓中发现了慕容部步摇冠的实物，似乎"步摇"说得到了考古方面的实证。但问题是，如果莫护跋时代北方汉族中"真的流行这种冠饰，慕容部不会等到进入辽西才接触这种东西"①。

对第三种说法，学者认为，姑且不论慕容部确定自己的部落名称时有没有如此高超的汉文学修养，单从这种片面按"慕容"二字的汉语意义解释来看，就存在很大的问题。

我们以为，三种说法中后两种说法都有牵强附会之嫌，可信度不高。至于第一种解释，学者对其主要的疑问在于慕容命名的时间差问题。应当注意的是，"慕容"名称来源出于后世史家的追溯，其原始意义已经难明。从语源学的角度讲，我们更愿意相信"慕容"的名称的确来源于檀石槐时期的中部大人慕容。只不过由于时代的久远，后世的慕容鲜卑已经忘却了"慕容"原始的语义，或者《晋书》的编纂者已经不能查明。《晋书》之所以出现如此众多的"慕容"来源的猜解，就表明当时人们对"慕容"的确切语义已经不能明了，因而才有了"步摇"和"二仪""三光"的附会之说。在这样的意义上，胡三省的说法特具史家卓识。

一、前燕——慕容氏的辉煌

莫护跋去世后，他的儿子木延成为慕容部的首领，号称"左贤王"。从其使用匈奴人的官号来看，慕容部早期受到的匈奴文化影响远大于汉文化，这与《晋书》中慕容鲜卑"与匈奴并盛"的记载以及匈奴与鲜卑之间民族融合的历史相符。

---

① 杨军、吕静植著：《鲜卑帝国》，中国国际广播出版社2013年版，第53页。

木延之子涉归担任慕容部的首领时，受封为鲜卑单于，将都城迁徙到辽西的东北地区，开始学习中原文化：

> （慕容廆）祖木延，左贤王。父涉归，以全柳城之功，进拜鲜卑单于，迁邑于辽东北，于是渐慕诸夏之风矣。（《晋书·载记·慕容廆》）

晋武帝太康四年（283），在涉归去世后，其弟耐篡位自立，并且打算杀害涉归的儿子慕容廆以绝后患。慕容廆不得已潜逃亡命以避祸，后慕容鲜卑部众杀耐，于晋武帝太康六年（285）迎回慕容廆成为部落首领：

> 涉归死，其弟耐篡位，将谋杀廆，廆亡潜以避祸。后国人杀耐，迎廆立之。（《晋书·载记·慕容廆》）

从慕容廆继位的史实来看，中原文化中的嫡长子继承制似乎对慕容鲜卑发生了重要的影响，以致慕容部抛弃了传统游牧部落"兄终弟及"的继承制度，而选择了作为嫡长子的慕容廆。慕容廆的庶出长兄吐谷浑，也在慕容廆成为慕容部的首领之后，不得不远走他乡，其后裔迁徙至青藏高原边缘并建立了吐谷浑国。

据《晋书·载记·慕容廆》记载："廆幼而魁岸，美姿貌，身长八尺，雄杰有大度。"西晋安北将军张华曾经在慕容廆年幼时见到过他，便深为嗟叹，称其为"命世之器，匡难济时者也"。后来的历史也证明，慕容廆的确是慕容鲜卑的一代雄主。

（一）父子经营

慕容廆即位初期，曾经因势力的扩张与西晋王朝为敌。

据《晋书》记载，慕容廆的父亲涉归与同在辽西的宇文鲜卑有仇，因而慕容廆即位后"将修先君之怨"，上表晋武帝请求讨伐，但遭到晋武帝的拒绝。慕容廆大怒，兴兵辽西，杀掠甚重。晋武帝闻讯，兴幽州之兵讨伐慕容廆，战于肥如，慕容廆大败。

实际上，慕容廆"修先君之怨"只是托词，扩张慕容鲜卑的势力才是实情。

在遭受到西晋王朝的打击之后，慕容廆的西进扩张之路受阻，转而向东部开疆拓土。晋太康六年（285），慕容廆出兵攻破位于慕容部东北方的扶余国的都城。西晋东夷校尉鲜于婴见死不救，遂导致扶余王依虑自杀，王室子弟退到沃沮（今朝鲜咸镜道）。慕容廆夷灭扶余国都城，驱赶着万余众扶余奴隶得胜而归：

> 至太康六年，为慕容廆所袭破，其王依虑自杀，子弟走保沃沮。（《晋书·四夷传·夫余国》）
> 又率众东伐扶余，扶余王依虑自杀，廆夷其国城，驱万余人而归。（《晋书·载记·慕容廆》）

西晋王朝的安边之策与历代王朝并无不同，其策略的核心是让中原周边的少数民族相互制衡，不允许任何一家做大。所以，慕容廆对扶余国的侵略，理所当然地引起了西晋王朝的再次注意。此时，西晋有司奏护东夷校尉鲜于婴"不救夫余，失于机略"，诏免其职，命何龛代替被弹劾的鲜于婴。太康七年（286），扶余后王依罗遣使拜谒何龛，请求西晋朝廷救援还复旧国。何龛派遣部队迎立依虑之子为王，何龛属下督护贾沈将在迎立途中与慕容廆部将孙丁激战，孙丁被杀，扶余复国。此后，慕容廆仍旧侵扰扶余、掠夺人口，贩卖至中原地区。晋武帝出于维护扶余的目的，屡次下诏对被贩卖的扶余奴隶予以赎回。

在经历了西进和东进的两次挫败以后，慕容廆终于意识到，与西晋为敌不利于慕容部的发展。慕容廆感慨地对部下说：

> 吾先公以来世奉中国，且华裔理殊，强弱固别，岂能与晋竞乎？何为不和以害吾百姓邪！(《晋书·载记·慕容廆》)

慕容廆说自从其父涉归以来都奉西晋为宗主，强弱之分，显然可判，为什么慕容鲜卑一定要与强大的中原政权一争高下呢？为什么要因为一时的龃龉而使百姓受苦呢？这当然不是慕容廆的真心话，而不过是对外释放的一个求和信号。果不其然，慕容廆迅速遣使请降，晋武帝顺水推舟，拜慕容廆为鲜卑都督。当时鲜卑宇文部、段部害怕慕容部将其吞并，于是往来抄掠不绝。慕容廆为了在鲜卑族中树立自己的威仪，对宇文部、段部的抄掠不但不予惩罚，还卑词厚礼前去抚慰。

晋武帝太康十年 (289)，慕容廆以辽东僻远，徙于徒何之青山 (今辽宁义县)。后又继续南下，元康四年 (294) 又重新定居于"大棘城"(辽宁锦州附近)。迁居以后，慕容廆积极学习中原地区先进的农耕文化和法律，对部落成员"教以农桑，法制同于上国"。慕容鲜卑吸收了汉族的先进文明，逐渐由牧民转化为耕种土地的农民，最终使其整个部落由游牧转向农耕的定居生活。

晋惠帝太安初（302—303），慕容部鲜卑与宇文部鲜卑发生摩擦。鲜卑宇文部酋长宇文莫廆遣其弟屈云寇犯边城，屈云的副帅大素延攻掠慕容诸部，率众十万围攻大棘城。慕容部上下恐惧，不敢与素延交战。慕容廆对众文武大臣们说："素延的人虽多，但是都是些犬羊蚁类，军无法制，没有什么战斗力。我现在已经有了胜敌之策，只要大家努力杀敌，胜利一定是我们的。"慕容廆说完，披甲持枪，冲锋在前，与素延兵大战于大棘城外，素延兵大败，慕容俘虏、斩杀素延兵万余人。

后来，西晋发生"八王之乱"，北方少数民族也参与其中，如匈奴人刘渊、羯人石勒和鲜卑拓跋氏、宇文氏、段氏等，他们趁火打劫，有的乘机建立政权。慕容廆并没有卷进内乱，他静观时变，于晋怀帝永嘉元年（307）自称鲜卑大单于，自保一方。永嘉三年（309），辽东太守庞本杀死东夷校尉李臻。李臻与辽东边塞鲜卑素连、木津关系密切，素连、木津便以为李臻报仇为名叛乱。

慕容翰劝父亲慕容廆以勤王名义讨伐叛乱，他说："求诸侯莫如勤王，自古有为之君靡不杖此以成事业者也。……勤王杖义，今其时也。……上则兴复辽邦，下则并吞二部，忠义彰于本朝，私利归于我国，此则吾鸿渐之始也，终可以得志于诸侯。"这是一举两得的好时机，助晋平息叛乱，可获得尊晋勤王的好名声，实际上则并吞二部，扩大地盘，"私利归于我国"（《晋书·载记·慕容廆》）。于是慕容廆"率骑讨连、津，大败斩之，二部悉降，徙之棘城，立辽东郡而归"。

慕容廆的"尊晋勤王"行动极大地提高了他的社会声望和地

位，晋愍帝拜慕容廆为镇军将军和昌黎、辽东二国公。晋元帝建武元年（317）三月，琅邪王、都督扬州江南诸军事司马睿在建康即晋王位，意欲称帝。征虏将军鲁昌劝廆曰："今宜通使琅邪，劝承大统，然后敷宣帝命，以伐有罪，谁敢不从！"（《晋书·载记·慕容廆》）高诩亦劝曰："霸王之资，非义不济。今晋室虽微，人心犹附之，宜遣使江东，示有所尊，然后仗大义以征诸部，不患无辞矣。"（《资治通鉴·晋纪十二》）慕容廆听从了建议，派遣长史王济到建康上表劝司马睿称帝。司马睿称帝后，"帝复遣使授慕容廆龙骧将军、大单于，昌黎公"。慕容廆辞谢不受。慕容廆辞封有其深意，胡三省说："廆辞公爵不受，外为谦虚，其志不肯郁郁于昌黎也。"（《资治通鉴·晋纪十二》）

慕容廆不甘做一个昌黎公，他有更大的雄心。他常对人说："吾积福累仁，子孙当有中原。"慕容廆辞封的原因，其谋臣裴嶷说得最明白："晋室衰微，介居江表，威德不能及远，中原之乱，非明公不能拯也。今诸部虽各拥兵，然皆顽愚相聚，宜以渐并取，以为西讨之资。"（《资治通鉴·晋纪十二》）实际上，慕容廆志在吞并诸部，进军中原，统一中国。

晋元帝大兴二年（319），平州刺史、东夷校尉崔毖惧怕慕容廆强大，"乃阴结高句丽及宇文、段国等，谋灭廆以分其地"（《晋书·载记·慕容廆》）。高句丽和宇文、段部在崔毖的唆使下，联兵进攻慕容部。慕容廆采用离间计拆散联军，高句丽和段氏引兵而归。宇文悉独官率军连营数十里，继续攻打大棘城。慕容廆兵分三路，大败宇文悉独官，"悉独官仅以身免，尽俘其众"。高句丽、宇文部和段部派使者前来请和。崔毖不敢与慕容廆交战，"与数十骑弃家室奔于高句丽，廆悉降其众"。此战使慕容廆威德大振，名扬辽东。慕容廆派儿子慕容仁为征虏将军，镇守辽东，完全占据了平州。晋遣使拜慕容廆为安北将军、平州刺史。至此慕容部地域广阔，势力倍增。

大兴四年（321）十二月，晋以慕容廆为平州牧，封辽东公，"遣谒者即授印绶，听承制置官司守宰"。慕容廆备置僚属，"以裴嶷、游邃为长史，裴开为司马，韩寿为别驾，阳耽为军谘祭酒，崔焘为主簿，黄泓、郑林参军事。廆立子皝为世子"。慕容廆经过多年奋斗，扩大了地盘，站稳了脚跟，由弱小变为强大。

永嘉之乱后，慕容廆充分利用其居住地接近汉族地区的优势，积极吸收进入东北的中原流民。当时归附慕容鲜卑的流民络绎不绝，仅进入辽西地区的流民就比当地的土著居民多出十倍：

> 自永嘉丧乱，百姓流亡，中原萧条，千里无烟，饥寒流陨，相继沟壑。先王以神武圣略，保全一方，威以殄奸，德以怀远，故九州岛之人，塞表殊类，襁负万里，若赤子之归慈父，流人之多旧土十倍有余。（《晋书·载记·慕容皝》）

慕容廆还仿效东晋政府，建立侨置郡县来管理他们，除较好地安置普通流民外，他还特别注意招纳、任用汉族的士人官吏，或为谋主，或为股肱，或为枢要，或为宾友，知人善任，选贤举能：

> 廆乃立郡以统流人，冀州人为冀阳郡，豫州人为成周郡，青州人为营丘郡，并州人为唐国郡。于是推举贤才，委以庶政，以河

东裴嶷、代郡鲁昌、北平阳耽为谋主，北海逢羡、广平游邃、北平西方虔、渤海封抽、西河宋奭、河东裴开为股肱，渤海封弈、平原宋该、安定皇甫岌、兰陵缪恺以文章才俊任居枢要，会稽朱左车、太山胡毋翼、鲁国孔纂以旧德清重引为宾友，平原刘赞儒学该通，引为东庠祭酒。（《晋书·载记·慕容皝》）

慕容廆倾心中原文化，对中原地区的先进文明予以大幅采纳：

廆尝从容言曰："狱者，人命之所悬也，不可以不慎。贤人君子，国家之基也，不可以不敬。稼穑者，国之本也，不可以不急。酒色便佞，乱德之甚也，不可以不戒。"乃著《家令》数千言以申其旨。（《晋书·载记·慕容皝》）

对一个少数民族的部落首领而言，这番言论是惊人的。慎刑狱、敬贤人、重稼穑、戒酒色、著《家令》，都显示出其良好的儒学文化修养，足以为帝王之资。

在重视农业之外，慕容廆还在江南地区广求桑种，在辽东地区发展养蚕业：

先是，辽川无桑，及廆通于晋，求种江南，平州桑悉由吴来。（《晋书·载记·慕容宝》）

在法制方面，慕容廆仿照晋朝设置官吏，创制法度：

廆以游邃为龙骧长史，刘翔为主簿，命邃创定府朝仪法。（《资治通鉴·晋纪十二》）

在教育方面，慕容廆利用汉族士人发展教育，"平原刘赞儒学该通，引为东庠祭酒，其世。子皝率国胄束修受业焉。廆览政之暇，亲临听之"。经过慕容廆的提倡，慕容部的教育有了很大发展，"于是路有颂声，礼让兴矣"。这在偏远的东北出现如此盛况，实属不易。发展教育，忻慕汉化为慕容部培养了大量人才，源源不断的人才保障了慕容部的日益强盛。同时，教育的发展也为儒家思想和文化在东北传播起到了推动作用。汉族士人封奕、宋该都雅好文学、明经讲论；黄泓博览经史，尤明《礼》《易》。他们用儒术治理地方，传播了儒家思想文化。

慕容廆统治慕容部长达49年，在65岁时去世，临终前指定嫡长子慕容皝即位。

史书记载，慕容皝"雄毅多权略，尚经学，善天文"（《晋书·载记·慕容皝》）。

晋元帝建武元年（317），慕容廆统治鲜卑时，慕容皝被东晋"拜为冠军将军、左贤王，封望平侯"（《晋书·载记·慕容皝》）。

晋明帝太宁四年（326），"拜平北将军，进封朝鲜公"（《晋书·载记·慕容皝》）。

公元333年，慕容皝即位。公元334年，晋成帝遣谒者徐孟、闾丘幸等持节拜皝镇军大将军、平州刺史、大单于、辽东公，持节、都督、承制封拜，一如廆故事。但是，慕容皝即位并不顺利，其庶长兄慕容翰担心受到迫害而出逃，其舅慕容仁起兵割据辽东，与统治辽西地区的慕容皝分庭抗礼。至公元335年，乘气候严寒渤海结冰的时机，慕容皝率部队踏冰过海袭击辽东半岛，才彻底打败了慕容仁，重新统一了慕容部。

慕容皝当政时期，继续遵循其父慕容廆的经略方向，重视中原先进文化的引入。

慕容皝与慕容廆一样，继续尊奉晋王朝的正统地位。慕容皝多次上表晋王朝表达自己的忠心，他说："臣被发殊俗，位为上将，夙夜惟忧，罔知所报，惟当外殄寇仇，内尽忠规，陈力输诚，以答国恩。"（《晋书·载记·慕容皝》）这样的政治路线，与慕容廆如出一辙，不但巩固了慕容鲜卑在辽西的大国地位，同时也争取到了中原庶众对他的支持。

慕容皝与慕容廆一样重视农业，他在一份诏令中说："君以黎元为国，黎元以谷为命。然则农者，国之本也。……苑囿悉可罢之，以给百姓无田业者。贫者全无资产，不能自存，各赐牧牛一头。若私有余力，乐取官牛垦官田者，其依魏晋旧法"（《晋书·载记·慕容皝》）。为了表示对农业的重视，他仿效中原历代君王旧制，"立藉田于朝阳门东，置官司以主之"（《晋书·载记·慕容皝》）。设置君王躬耕的籍田，以示劝农之意。

慕容皝广开言路，仿效上古帝王尧舜，"立纳谏之木，以开谠言之路"（《晋书·载记·慕容皝》），他下令说："有欲陈孤过者，不拘贵贱，勿有所讳"（《晋书·载记·慕容皝》）。

慕容皝也继续发展教育。在其当政之时，他进一步扩大学校规模："赐其大臣子弟为官学生者号高门生，立东庠于旧宫，以行乡射之礼，每月临观，考试优劣。皝雅好文籍，勤于讲授，学徒甚盛，至千余人。亲造《太上章》以代《急就》，又著《典诫》十五篇，以教胄子。"（《晋书·载记·慕容皝》）经过慕容皝的努力，使在校的学生达到千余人，这在辽东是史无前例的。慕容皝本人还亲自到学校讲授，并亲自编写了汉文课本《太上章》，以代替汉代的《急就篇》，同时著《典诫》来教育鲜卑贵族子弟。

慕容皝在位15年，在52岁去世。在他统治慕容鲜卑的时段里，他东征西讨，进一步确立了慕容鲜卑在东北少数民族中的优势地位。公元336年，就在慕容皝打败慕容仁重新统一慕容鲜卑以后，他又亲率五万精兵，在柳城附近打败了宿敌鲜卑段部和宇文部的联军。此后，段部的首领不得不南下投靠后赵，在东北的势力完全瓦解。公元338年，慕容皝挥军南下，攻打后赵幽、冀二州，掠三万户而去。同年，慕容皝伐高句丽，高句丽王求和，并遣世子为质于慕容皝。公元345年，慕容皝再次大举进兵宇文部，宇文部的首领远逃漠北，宇文部的残余部众五千余人被迁往昌黎，处于慕容部的严密监控之下，宇文部被彻底征服。至此，慕容部统一了东部鲜卑的三大部，东灭高句丽，南摧强赵，开境三千余里，人口也增加了十多万人。

慕容部经过慕容廆、慕容皝父子两辈的经营，已经成为以农耕为支柱，以儒学为统治思想，以汉文化为主流的东北强国，然而在名义上还隶属于晋王朝。但是，慕容廆和慕容皝的经营，已经为后来前燕的成立奠定了重要的基础。

（二）前燕兴亡

东晋穆帝永和四年（348），慕容皝去世。

在慕容皝去世之前，他曾经到慕容鲜卑的西部边境狩猎，见到一位穿着红袍骑着白马的老者对他摆手，对他说："这不是你打猎的地方，你还是回去吧！"慕容皝没有听信老者的话，而是渡河继续田猎，后来在追射一只白兔时因坐骑跌倒受伤，从此一病不起。临终前，他牵着儿子慕容儁的手，对他嘱咐后事。

公元348年，慕容儁作为慕容皝的继承者嗣位。公元349年，慕容儁建国号为燕，不再使用晋朝的年号。为了将慕容部后来建立的政权区别，史书一般称慕容儁政权为前燕。

《晋书》记载，慕容廆生前曾对人说："吾积福累仁，子孙当有中原。"（《晋书·载记·慕容儁》）过了没多久，慕容儁降生了，慕容廆对着眼前的孙儿说："此儿骨相不恒，吾家得之矣"（《晋书·载记·慕容儁》），对慕容儁寄予了厚望。

仿佛是天命，慕容儁即位的当年（349），后赵君主石季龙病死，其诸子争夺王位，内战不断，慕容儁不失时机挥戈南下。公元350年，慕容儁举兵南征，进攻后赵。就在慕容儁的部队节节进逼之时，后赵发生了冉闵之乱。公元351年，慕容儁趁着冉闵与石祗激战之际，率领大军西进，一举攻下幽州、蓟城。接着，慕容儁又令辅国将军慕容恪、辅弼将军慕容评率军南讨，攻下中山、邺城，灭掉冉闵建立的冉魏，尽有其地。

东晋穆帝永和八年（352），慕容儁"僭即皇帝位，大赦境内，建元曰元玺，署置百官"（《晋书·载记·慕容儁》）。慕容儁登皇帝位，立其妻可足浑氏为皇后，世子慕容暐为太子，正式完成了国家自立的各项进程。

东晋穆帝永和十年（354），后秦姚襄带着梁国向慕容儁投降。任慕容评为都督秦、雍、益、梁、江、扬、荆、徐、兖、豫十州河南诸军事，暂时镇守洛水；慕容强任前锋都督、都督荆、徐二州缘淮诸军事，进据黄河以南，继续慕容鲜卑南下的进程。由此，在除掉冉闵以后，前燕的疆土向南扩展至黄河以北，成为中国北方最大的割据政权。

公元357年，慕容儁又遣抚军慕容垂、中军慕容虔率兵八万北讨丁零、敕勒于塞外，大破之，俘斩10万余级，获马13万匹，牛羊亿余万。匈奴单于贺赖头率部落三万五千来降，慕容儁拜贺赖头为宁西将军、云中郡公，治代郡平舒城（山西浑源）。是时，东晋太山太宁诸葛攸率军北伐，慕容儁遣慕容恪拒战，大败东晋军，燕军遂有汝、颖、谯、沛四郡。是年，慕容儁把都城从蓟城迁到邺城，重修铜雀台，前燕政权达到极盛。其后，前秦苻坚的平州刺史刘特率领五千户向慕容儁投降。

慕容儁野心勃勃，以统一天下为己任。他打算先取关西地区的前秦，然后南下吞并东晋。为此，前燕极力扩充兵力，规定每户只留一名劳动力，其他的统统要去当兵，想在第二年将兵力扩充至150万，然后进军洛阳：

> 儁于是复图入寇，兼欲经略关西，乃令州郡校阅见丁，精覆隐漏，率户留一丁，余悉发之，欲使步卒满一百五十万，期明年大集，将进临洛阳，为三方节度。（《晋书·载记·慕容儁》）

但慕容儁的这一计划显然有穷兵黩武之嫌，武邑人刘贵上书极力谏诤，认为民生凋敝，这样征兵有违律令，恐怕百姓不堪承受，会造成土崩瓦解的灾难，他同时还陈述十三项不合时宜的政策。慕容儁看后很高兴，交付公卿广泛讨论，这些建议大多被采纳，于是改为三丁抽一、五丁抽二的办法，放宽一年的战备时间，命令在明年冬末赴邺都集中。公元359年，燕国不但获得上党、并州、太原、雁门、西河、上郡等地，塞北七国贺兰、涉勒等皆降于燕，前燕的领土进一步扩大，这更加助长了慕容儁的野心。

慕容儁野心勃勃的计划未及施行，就于东晋穆帝升平四年（360）一病不起，于当年病逝，时年42岁。慕容儁在位11年，燕国发展成了能与东晋、前秦抗衡的三大势力之一。史书评价慕容儁，说他雅好文籍，自初即位到末年，讲论不倦；览政之暇，唯与侍臣错综义理，凡所著述四十余篇。史书又说，他性严重，慎威仪，未曾以慢服临朝。虽闲居宴处，亦无懈怠之色。

慕容儁临终前，曾将弟弟慕容恪召至病床前，对他说："我的儿子年幼，两大敌国未灭，他恐怕承担不起这个重任。我想仿效宋宣公立弟的做法，把国家交给你执掌。"慕容恪答道："太子虽然年纪幼小，但天纵聪明，定能胜任，我们不能乱了正统。"慕容儁生气地说："我们兄弟之间，你还说这些违心的话做什么？"慕容恪说："陛下认为我能够胜任国事，难道您就不认为我能辅佐少主吗？"慕容儁去世后，大臣们曾准备按照其临终遗言立慕容恪为帝，慕容恪不同意，而是率领大臣们立慕容暐为帝。

慕容暐是慕容儁的第三子，初封中山王，后进位为太子。即位之初，慕容暐将国政委慕容恪代理。然而，这引起了一批功臣勋贵的嫉妒。慕容儁病危之际，由慕容恪、慕容评、阳骛、慕舆根四位大臣辅政，而慕舆根以慕容恪独揽朝政，心怀不满，意欲犯上作乱。他进言慕容恪，促其废慕容暐自立，被慕容恪严词驳回。慕舆根深自恐惧，与左卫慕舆干向慕容暐及皇太后可足浑氏进谗言，欲除慕容恪及慕容评。可足浑氏欲从二人之言，然而慕容暐却说："二公国之亲穆，先帝所托，终应无此，未必非太师将为乱也"（《晋书·载记·慕容暐》）。其实，慕容暐未必没有除去慕容恪之心，但因为其个人才能的平庸，离开慕容恪燕国将无以为继。于是，慕容暐为了安抚慕容恪，迅速诛杀了慕舆根。

史书评价慕容暐"庸弱"，但在其执政初期，他在慕容恪的辅佐下，遵循其父南进中原的战略，在开疆拓土方面还取得了一定的成绩。公元363年，慕容暐遣慕容评南伐东晋，一举攻下许昌、悬瓠、陈城，又略汝南诸郡，迁徙万余户汉人于幽、冀二州。公元366年，慕容暐又遣辅军慕容厉攻东晋太山，太山太守诸葛攸奔淮南，慕容厉攻陷兖州诸郡。

就在慕容厉攻陷兖州诸郡的当年，慕容恪病死。他在其临终时说，他死后应将兵权归由吴王慕容垂执掌："吴王天资英杰，经略超时，司马职统兵权，不可以失人，吾终之后，必以授之。"（《晋书·载记·慕容暐》）慕容垂是慕容皝的儿子，本名慕容霸。慕容皝经常当着自己的子弟们夸赞慕容垂，引起了当时被立为世子的慕容儁的嫉恨，在其即位以后，以慕容垂小时曾从马上跌落折断门齿为由，命他改名为慕容缺。后来为了符合图谶中的预言，又将其改名为慕容垂。对这样一个不为慕容儁所喜的人，慕容暐很显然不会将兵权交付于他，他甚至听信皇太后可足浑氏的话和慕容

评的谗言，对慕容垂进行排挤，迫使慕容垂离国远走，投奔前秦苻
坚政权。

在执政方面，慕容暐在后期逐渐暴露出其无能的一面。在外，
东晋和前秦苻坚对前燕交相攻伐，兵革不息；在内，皇太后可足浑
氏干预朝政，慕容评等人妒贤嫉能，政治上贿赂成风，选才不当。
《晋书》说："时外则王师及苻坚交侵，兵革不息；内则暐母乱政，
评等贪冒，政以贿成，官非才举，群下切齿焉。"当时的尚书左丞申
绍上书慕容暐直陈时弊，从中我们可以大致窥见慕容暐的荒淫：

> 后宫四千有余，僮侍厮养通兼十倍，日费之重，价盈万金，
> 绮縠罗纨，岁增常调，戎器弗营，奢玩是务。今帑藏虚竭，军
> 士无襜褕之赉，宰相侯王迭以侈丽相尚，风靡之化，积习成俗。
> （《晋书·载记·慕容暐》）

申绍说，慕容暐后宫有四千余人，奴婢侍从、劈柴养马的仆役总计
有四万人，每日费用之大，达到万金之多，绮縠罗纨，每年增添征
调，不修缮武器，却追求奢侈的玩物。现在国库空虚殆尽，士兵连
单衣都不能赏予，宰相侯王争相崇尚奢侈华丽，竞相效仿华靡之
风，积习成俗。由此，前燕民众怨声载道，甚至铤而走险，群起反
抗，再加上统治阶级内部争权夺利，前燕的军事实力日益削弱，在
与前秦和东晋的竞争中开始处于劣势。

还是在公元369年时，东晋桓温率领五万大军北伐前燕，一路
长驱直入，一直抵达枋头。慕容暐惊慌失措，打算逃回和龙（今辽
宁朝阳）。慕容垂极力劝阻，并亲率大军迎击，大败桓温。但是，慕

容垂击退进军以后，却引发了前燕的内斗，"垂既有大功，威德弥振，慕容评素不平之"，一方面垂功高震主，一方面谗臣作祟，最终慕容垂被逼逃亡前秦。

在对前秦的军事策略方面，前燕也处于守势，并在外交策略上一再失误。东晋太和四年（369），当桓温第三次北伐前燕还处于节节胜利之时，前燕曾以割让虎牢以西为条件，请求前秦苻坚出兵协助抵御桓温的部队，最后前秦出兵两万救助慕容暐：

> 太和四年，晋大司马桓温伐慕容暐，次于枋头。暐众屡败，遣使乞师于坚，请割武牢以西之地。坚亦欲与暐连横，乃遣其将苟池等率步骑二万救暐。（《晋书·载记·苻坚上》）

但是，在桓温战败退兵以后，慕容暐却食言了：

> 王师既旋，慕容暐悔割武牢之地，遣使谓坚曰："顷者割地，行人失辞。有国有家，分灾救患，理之常也。"坚大怒，遣王猛与建威梁成、邓羌率步骑三万，署慕容垂为冠军将军，以为乡导，攻暐洛州刺史慕容筑于洛阳。（《晋书·载记·苻坚上》）

慕容暐以"行人失辞"为借口，对此前承诺的割地一事拒不承认。前秦遂以此为借口，派遣王猛与大将梁成、邓羌率军三万，以归降的慕容垂为向导，进攻前燕。太和五年（370），苻坚又派王猛率杨安、张蚝、邓羌等十将率领步骑兵六万人讨伐慕容暐。慕容暐遣慕容评率燕兵四十万以拒秦。燕、秦两军会战潞州（山西潞城）。慕容评认为，前秦军远道而来，意在速决，他计划以持久战制之，不与秦军交战。秦将王猛看出了燕军的战略，于是，乃遣轻骑间道火烧慕容评的辎重，使燕军不战自乱。这时，王猛指挥秦兵猛攻燕军，一战而斩杀燕军五万余人，燕军大败，慕容评单骑逃走。王猛指挥秦军直捣邺城，秦王苻坚也率兵十万与王猛会于邺城下时，燕军将士也纷纷倒戈，助秦军攻慕容暐。慕容评与慕容暐见邺城难保，弃邺奔昌黎，秦军猛追至高阳，擒慕容暐，燕国亡。秦军攻下邺城后，徙慕容暐及王公以下并鲜卑族四万余人于长安。

前燕的灭亡不是偶然的，从慕容廆开国于辽西，到慕容皝东征西讨、称雄东北，再到慕容儁打败后赵、消灭冉闵、迁都中原，我们可以发现，慕容部经历了三代人的发展才达到鼎盛时代，而其灭于前秦却显得非常突兀。这并不能全部归罪于慕容暐的荒淫，以及慕容鲜卑内部的群臣争斗。前燕灭亡的根本原因，在于自慕容儁进军中原之后，就与十六国其他的君主一样，走上了穷兵黩武的道路，抛弃了其父祖时期重视农业生产以积累国力，重视儒家思想与汉文化以凝聚人心的做法。因而，也就必然会重蹈北方民族政权"骤亡"的覆辙。

二、四燕——慕容氏的复国

前秦苻坚在灭亡前燕以后，基本上统一了中国北方。自西晋灭亡以来，中国北方第一次处于同一个政权的统辖之下。公元375年，前秦贤臣王猛重病，王猛对前来探望的苻坚说："晋虽僻陋吴越，乃正朔相承。亲仁善邻，国之宝也。臣没之后，愿不以晋为图。鲜卑、羌虏，我之仇也，终为人患，宜渐除之，以便社稷。"（《晋书·载记·苻坚下附王猛传》）王猛劝告苻坚，千万不要南下去攻打东晋。但是，前秦的统治者苻坚被胜利冲昏了头脑，慨然有灭亡东晋统一全国之志。公元383年，苻坚举全国之兵进攻东晋。但淝水之战的惨败，使其统一中国的美梦化为泡影，也使被前秦征服的鲜卑各部族发现了复国的机会，北方重新陷入了分裂和战乱之中。

（一）后燕

就在苻坚要发动进攻东晋的战争时，前秦大臣纷纷劝谏，只有自前燕叛逃的慕容垂表示支持，他对苻坚说："陛下德行与轩辕、唐尧相同，功劳比商汤、周武还高，威名恩泽普及八方遥远之地，远方之夷前来归附。而司马昌明靠着残余的资本，胆敢抗拒王命，这样的人不诛戮，还有什么王法！孙氏跨江东僭称王号，最终被晋吞并，是形势的必然。臣听说小不敌大，弱不胜强，何况大秦顺应符命，陛下圣武，有强兵百万，韩信、白起那样的将领满朝，而让他苟延残喘假称帝号，把贼虏留给子孙吗！"（《晋书·载记·苻坚下》）慕容垂对苻坚极尽吹嘘之能事，夸说前秦兵力之盛、将帅之勇，贬低东晋末世残辉，不堪一击，极力怂恿苻坚进攻东晋。苻坚大悦，说："与吾定天下者，其惟卿耳。"赐帛五百匹。

此时的慕容垂很显然已经有复国之心。他预料到苻坚对东晋的战争必然惨败，所以才会鼓动苻坚南征。在慕容垂的谋划中，苻坚败于东晋之时，正是自己乱中取利之机。不出所料，淝水之战前秦惨败，各路部队都损失惨重，只有慕容垂部全身而退。苻坚战败以后，投奔慕容垂。慕容垂的儿子慕容宝说："我们的家国倾覆丧灭，皇朝的纲纪被废置，至尊被明确著录在图箓上，自然应当建立中兴的功业，像夏朝的少康一样。只是时运还没有到，所以韬光养晦等候奋发罢了。如今上天厌倦了乱德的人，凶顽的徒众土崩瓦解，可以说是乾坤打开了神妙的机关，授给了我们。千载一时，如今是机会了，应当恭谨地秉承皇天的意思，顺应它来取得天下。况且建立大功的人不顾小节，推行大仁的人不计较小恩惠。秦既然扫荡了三京，窃夺侮辱了神器，冤仇耻辱的程度，没有比得上这个的了，希望不要因为意气微恩而忘了社稷的大事"《晋书·载记·慕容垂》）。慕容垂赞同慕容宝所言，但他对慕容宝说："你的话是对的。但是苻坚一片真心地来投奔，怎么能害他！如果上天抛弃他，要对付他是有很多机会的。姑且让他回北方去，等待别的机会，既可以不用对不起从前的友情，又可以用道义取得天下。"

我们不否认慕容垂念及昔日恩德，因而收纳苻坚。但在另外一方面，此时的慕容垂更多地认为复国的时机尚未成熟，因而未敢贸然轻动。于是，慕容垂在苻坚到达渑池时，请求到邺城去祭拜陵墓，借机与苻坚分道扬镳。慕容垂到达邺城后，把氐族士兵全部杀掉，招募远近的人，兵众达到三万，渡河后烧掉浮桥，下令说："我表面上借助秦的名义，而内里规划兴复故国。对犯法者军中自有刑律，对奉命者奖赏不拖过当天。天下平定之后，按功劳分别封官拜爵，决不相负。"慕容垂复燕之心，于此已经昭然。

而就在淝水之战前秦兵败的当年（383），被苻坚扫平的各部族也纷纷举兵，此时丁零人翟斌起兵叛秦，听闻慕容垂之事，遂与众人推举慕容垂为盟主，慕容垂也乘机与之联合，大破邺城苻丕秦军，竖起了反秦复燕的大旗。

慕容垂领兵到达荥阳后，在太元九年（384）自称大将军、大都督、燕王，秉承皇帝旨意处理事务，设年号为燕元，立其子慕容宝为太子，定都中山，是为后燕。

慕容垂以复兴慕容鲜卑为己任，率军四处征讨，他南攻徐州，西攻洛阳，北征高句丽，收回旧部和龙。然而，就在慕容垂野心勃勃地扩张之际，他遇到了一个新兴的强敌，这就是新兴起于北方的拓跋鲜卑。

公元315至376年，拓跋鲜卑也曾经建立过自己的政权，国号代，但最终为前秦所灭。淝水之战后，拓跋珪重新建立代政权，后来改国号为魏，即北魏。鲜卑拓跋部与慕容部同出一源，所以在拓跋珪实力较弱之时，依附于后燕政权。后燕赵王慕容麟曾经在公元390年帮助拓跋鲜卑打败北方游牧部落贺兰、纥突邻以及纥奚三部。在后燕的扶持下，拓跋鲜卑势力大为拓展，已经开始有与后燕一决雌雄的野心。

(二)南燕与北燕

公元395年五月，慕容垂派遣太子慕容宝率兵八万讨伐北魏，魏道武帝拓跋珪为了避其锋芒，率兵北走，慕容宝找不到与北魏主力决战的机会，只好把到达黄河边上的燕军撤回。当燕军返回至参合陂时，突然受到魏军的攻击，燕军大败，被俘五万余人全部被魏军坑杀，慕容宝惨败而归。为报参合陂之仇，公元396年三月，慕容垂亲率大军伐魏，燕军一鼓作气，攻下魏都平城（今山西大同），追魏军过平城三十里而还。经过参合陂时，只见尸骨如山，慕容垂呕血痛哭。回到上谷后，慕容垂发病而死。

慕容垂死后，慕容宝匿丧不发，回到中山以后，即位称帝。慕容垂临死，命慕容宝庶子清河公慕容会为慕容宝王嗣，然而慕容宝宠爱少子濮阳公慕容策，无意传位于慕容会。慕容宝的庶长子长乐公慕容盛认为自己年长，以慕容会承王嗣为耻。于是，他在慕容宝面前大力宣称应立慕容策为储君，却毁谤慕容会。慕容策时年十一，容貌俊美，却懦弱蠢笨。慕容宝闻慕容盛之言大悦，征询赵王慕容麟等人的意见，众人也都赞同。于是，慕容宝立慕容策母段氏为皇后，慕容策为太子，慕容盛、慕容会晋爵为王，这为以后后燕的内讧埋下了种子。

在得到慕容垂病逝的消息后，北魏大举进攻后燕，燕军败退，人心离散。燕国尚书慕容皓见燕国兵败，欲杀慕容宝立慕容麟为王，事泄，慕容宝欲杀慕容皓，皓及同谋数十人斩关杀将，投奔北魏。慕容麟在杀了慕容宝的禁卫将军慕容精后出奔丁零。魏军继续进攻中山，慕容宝和太子慕容策奔蓟城，慕容会欲杀宝自立，事泄，宝欲杀会，会出逃，聚众攻宝，宝不能制，乃奔龙城，慕容会率兵围龙城。慕容宝侍御郎高云趁夜袭击慕容会，会败，为慕容详所杀。这时，逃奔丁零的慕容麟率丁零之众入中山，杀慕容详及党羽三百余人，登上了皇帝的宝座。魏军复攻中山，慕容麟奔邺。

此时，慕容皝的小儿子慕容德得知了慕容宝生死未卜的消息，其僚属劝其称帝。后慕容宝从龙城逃到黎阳，派中黄门通知慕容锺前来迎接。慕容锺曾经参与劝立慕容德称帝，因而扣押了中黄门，并将消息通知慕容德。慕容德有尊王之意，派遣慕舆护前往迎驾，但慕容宝在获悉慕容德摄位后，恐惧北逃，慕舆护一无所得。

在公元397年的柏肆之战中，后燕被北魏击败。这一年的十一月，北魏攻克中山后，后燕的疆土被北魏拦腰斩为南、北两部分。后燕君主慕容宝逃回慕容部故地，定都于前燕故都龙城，其势力逐渐北缩，仅保有东北、西南一隅之地。慕容德所率领的慕容鲜卑，恰恰处于南部，腹背均有强敌。慕容德的部属慕容锺、慕舆护等人一再劝慕容德攻打北魏所占据的滑台，使之成为可以依托的大本营。然其部将潘聪说："滑台四通八达，不是帝王的居所。而且北边与大魏相通，西边与强秦连接，此处是四战之地，对日后发展不利。青州、齐州土地肥沃，有'东秦'之称，土地方圆二千里，人口超过十万户，有四面的险要，还有背靠大海的富饶，可以说是用武之地。三齐的豪杰，立志等待时机，谁不想得遇明主建立一点功业！广固是曹嶷营建的，山川险峻，足以作为帝王之都。"

慕容德非常高兴，带领军队南进，兖州北部边界各县全都投降，慕容德设置太守县令安抚他们。慕容德访问当地的老年人，军队没有抢掠的，老百姓感到平安，纷纷牵牛带酒来犒劳军队。慕容德派人敦促齐郡太守辟闾浑投降，辟闾浑不从，慕容德派慕容锺率领二万步兵骑兵攻打辟闾浑。

慕容德进据琅邪，徐、兖两州有十多万人归附，从琅邪往北，有四万多人迎接。慕容德进入广固，隆安三年（399），慕容德在南郊即皇帝位，大赦天下，改年号为建平，史称南燕。

太上元年（405），慕容德卒，慕容超即位。太上五年（409），东晋刘裕欲效桓温故事，想以征伐夷狄建功而篡位，伐南燕。太上六年（410），南燕广固被攻克，南燕灭亡。

慕容宝在听闻慕容德称帝消息后，退保龙城。公元399年，慕容宝为其舅兰汗所杀，太子慕容策及王公卿士一百多人也一同被诛。慕容宝死后，慕容盛驰京赴哀，兰汗欲杀之。事泄，慕容盛引壮士夜攻兰汗，将其诛杀，而后即皇帝位，改年号为长乐。

慕容盛嗜杀多疑，常怀疑文武大臣有异志，稍不如己意即杀之。于是，朝廷上下内外恐惧，不能自安。公元401年，左将军慕容国率禁卫军袭击慕容盛，慕容盛死。

慕容盛死后，皇太后丁氏与慕容宝少子慕容熙私通，丁氏废太子慕容定，迎立慕容熙入宫登大位。慕容熙失德，终日以游猎为事，以享受为乐，大兴土木，耗竭民力。同时，慕容熙惧怕兄弟及侄子篡位谋权，下令杀害慕容宝诸子。公元407年，众文武大臣不堪忍受慕容熙无道，中卫将军冯跋谋杀慕容熙，推慕容宝养子慕容云为王。慕容云本是高丽人，慕容宝收其为养子后，赐姓慕容氏。待到慕容云登上帝位，复姓高氏，史称北燕。

北燕不是鲜卑人建立的政权，但在北燕统治阶层中，鲜卑人仍旧发挥着主要作用。慕容云登上帝位后不久，冯跋派人刺杀了慕容云，自己即位称王。冯跋去逝后，其弟冯弘继位。冯弘在立储一事上，犯了和众多帝王一样的错误。他将自己原配夫人王氏及所生之子冯崇废黜，另立侧室慕容氏为皇后，立其子王仁为太子。冯崇惧怕被害，逃亡北魏。此后，北魏与北燕战端开启。公元432年七月，北魏太武帝拓跋焘亲征北燕。公元434年，冯弘向北魏称臣。公元435年，北魏复伐北燕，冯弘出逃，北燕亡。

（三）西燕

早在前秦灭亡前燕时，苻坚曾将前燕最后一个君主慕容暐及全家以及前燕鲜卑人的四万多人迁往首都长安一带，关中地区成为鲜卑人新的聚居地。就在前秦攻破前燕，安置慕容暐的时候，苻坚把本部长安氐人分到各镇去，臣子赵整在侍奉他时弹琴唱道："阿得脂，阿得脂，普遍劳苦旧父老而使仇人安泰，尾长翼短不能飞，把同族人远迁而留下鲜卑，一旦有危急跟谁说！"《晋书·载记·苻坚下》）苻坚笑了，却不采纳。

苻坚对待前燕的鲜卑人十分优厚，封亡国之君慕容暐为尚书、新兴侯，纳慕容暐的女儿清河公主为妃，宠冠后宫。慕容暐的小儿子慕容冲在前燕灭亡时只有十二岁，但长得非常俊美，因而被苻坚召入宫中，成为苻坚最宠爱的娈童。因为慕容冲姐弟俩都得宠于苻坚，当时首都长安流传着这样一首民谣："一雌复一雄，双飞入紫宫。"后来在王猛的劝谏之下，苻坚才把慕容冲送出宫外。

前秦在淝水之战战败后，精兵损失殆尽，对关中地区的控制力减弱，关中地区的鲜卑人乘机起兵反秦。慕容暐的儿子慕容泓在关中起兵，称济北王。慕容冲也在河东起兵，与慕容泓一同西进长安。淝水之战后，慕容暐跟随苻坚回到长安。不久慕容垂在邺攻打苻丕，慕容冲从关中起兵，慕容暐策划杀害苻坚来响应他们，事情败露，慕容暐被苻坚杀掉。其后，慕容泓的谋臣高盖、宿勤崇等认为慕容泓德行声望不如慕容冲，且持法苛峻，于是杀掉慕容泓，立慕容冲为皇太弟，承制行事，自相署置。并于公元385年即皇帝位，年号更始，都长安，史称西燕。

慕容冲兵临长安城下时，苻坚登城观望，叹息说："这些贼虏是从哪里来的，竟然强盛到这种程度？"他还大言不惭地责备慕容冲说："尔辈群奴放牧牛羊还可以，为什么要来送死呢？"慕容冲回答说："奴隶虽然是奴隶，但既然受够了为奴之苦，正想取代你的君位。"苻坚派人给他送去一件锦袍，并对慕容冲说："古人交兵，使者在两军之间奔走。卿远道而来，万事草创，一定很辛苦吧！今送一袍，来表明我的心迹。朕对你情谊如何？怎么想到竟然出现如此变故。"希望慕容冲顾及从前情谊。慕容冲命令手下的詹事回答说："皇太弟有令：孤今心在天下，岂顾一袍小惠。苟能知命，便可君臣束手，早送皇帝，自当宽贷苻氏，以酬曩好，终不使既往之施独美于前。"慕容冲劝说苻坚政权早早投降，如此可放苻坚一马，保全苻氏一族。苻坚大怒，与慕容冲大战。在兵尽粮竭之后，苻坚从长安出逃，后来为羌人姚苌所杀，前秦就此覆亡。

慕容冲攻克长安之后，因为畏惧慕容垂之强不敢东归：

> 西燕主冲乐在长安，且畏燕主垂之强，不敢东归，课农筑室，为久安之计；鲜卑咸怨之。其是之谓欤！左将军韩延因众心不悦，攻冲，杀之，立冲将段随为燕王，改元昌平。（《资治通鉴·晋纪二十八》）

胡三省说："鲜卑思东归，而冲安于长安，故怨。"攻克长安的鲜卑怀念故乡，希望东归，不愿继续留在关中，慕容冲却希望以关中为基础建立自己的帝业。

最终，西燕左将军韩延杀害了年仅27岁的慕容冲，其部将段随被拥立为燕王。慕容永与左仆射慕容恒合谋，又杀死段随，拥立慕容颛。慕容永顺应鲜卑人皆思东归河北的心理，率领三十余万（一说四十多万）鲜卑男女，携带着前秦遗留的乘舆服饰、礼乐图书等，离开长安东去。行至临晋（今陕西大荔东），慕容颛又被慕容恒弟慕容韬杀死，慕容恒遂拥立慕容冲子慕容瑶为帝。慕容永与武卫将军刁云又将慕容瑶杀死，改立慕容泓之子慕容忠为帝，慕容忠以永为太尉，守尚书令，封河东公，继续率众向东。

　　慕容忠渡过黄河，到达闻喜（今山西闻喜）后，因听说后燕慕容垂已称帝于中山（今河北真定），慕容忠逡巡不敢进，遂于闻喜北筑燕熙城而居之，结果又被刁云等人杀死。就在这一年六月，慕容永以持法宽平，被推为大都督、大将军、大单于、雍秦凉梁四州牧、河东王，统领西燕。慕容永先用缓兵计，称藩于慕容垂，又向当时据守平阳（今山西临汾）的前秦苻丕假道以还东。苻丕不允，并率兵来攻，两军会战于襄陵（今山西襄汾北），前秦军被杀得大败，苻丕率数千骑逃入河南，王公百官以下皆没于西燕。

　　慕容永乘势东进至长子，即皇帝位，年号中兴，时在公元386年十月。西燕在慕容永统治时期极为强盛，当时西燕疆域南抵轵关（今河南济源西北），北达新兴（今山西忻州），东依太行，西至黄河，统建兴（今晋城市北）、上党（今壶关）、太原、武乡（治所在今榆社北）、西河（今离石）、新兴、平阳及河东八郡。

　　西燕与慕容垂建立的后燕是并存的两个政权，慕容永是慕容廆之弟慕容运的孙子，并不是前燕王室的正宗后裔。因而，在名义上，慕容永称帝名不正言不顺，慕容垂必欲灭之而后快。公元393年十一月，慕容垂遣将攻打西燕，慕容永亲率精锐交战，结果兵败被俘，慕容垂斩慕容永及公卿以下三十余人，西燕灭亡。

第二节　拓跋鲜卑

引子　拓跋鲜卑的来源与迁徙

（一）拓跋部的来源与得名

据《魏书·序纪》记载，拓跋鲜卑是黄帝小儿子昌意的后裔：

> 昔黄帝有子二十五人，或内列诸华，或外分荒服，昌意少子，受封北土，国有大鲜卑山，因以为号。其后，世为君长，统幽都之北，广漠之野，畜牧迁徙，射猎为业，淳朴为俗，简易为化，不为文字，刻木纪契而已，世事远近，人相传授，如史官之纪录焉。（《魏书·序纪》）

按照《魏书》的说法，昌意受封于遥远的北土，因而作为其后裔的拓跋鲜卑才一直生活在大鲜卑山（大兴安岭），统辖幽都以北的地区，世代为君长，没有文字，刻木记事，过着游牧生活。

对"拓跋"名称的来源，《魏书·序纪》说：

> 黄帝以土德王，北俗谓土为托，谓后为跋，故以为氏。

《魏书》认为，按照传统的五行与五方相配的观点，东方色青，为木；南方色赤，为火；西方色白，为金；北方色黑，为水；中央色黄，为土。黄帝有土德，北方习俗称土为"托"，称君主为"跋"，所以有土德的君主即被称为"托跋"，即"拓跋"。

据《魏书》说，昌意的后裔始均曾在尧时为官，后因三代以及秦汉战乱，所以拓跋鲜卑"不交南夏，是以载籍无闻焉"。

那么，如上说法可靠吗？当然不可靠。原因有三：

第一，黄帝是否有一个名叫昌意的儿子，不得而知。

第二，五行观点在黄帝时期是否已经出现，也不得而知。

第三，拓跋鲜卑之所以不与华夏沟通，在史书中没有记载，其主要原因恐怕与其没有文字，文化落后有关，而与三代及秦汉战乱不相干。

很显然，《魏书·序纪》有自我美化之嫌。

（二）早期拓跋部的三个历史时期

《魏书》记载中的拓跋先祖，其历史是辉煌和久远的，他们带领拓跋鲜卑进行了史诗一样的迁徙。居住在大兴安岭的拓跋鲜卑，其第一位皇帝为毛："积六十七世，至成皇帝讳毛立。聪明武略，远近所推，统国三十六，大姓九十九，威振北方，莫不率服"（《魏书·序纪》）。毛及此前六十七世的拓跋历史，为拓跋鲜卑的大兴安岭北部即大鲜卑山时期。

毛之后，又历经四帝，至第六代皇帝"宣皇帝讳推寅立。南迁大泽，方千余里，厥土昏冥沮洳。谋更南徙，未行而崩"（《魏书·序纪》）。学者普遍认为，推寅带领拓跋鲜卑走出大兴安岭所至的"大泽"，就是今天的呼伦湖（位于今内蒙古自治区呼伦贝尔草原西部）。宿白先生说："'南迁大泽方千余里'的大泽，应是呼伦池，池东南一带迄今尚有面积广阔的沼泽（沮洳）区域。"①呼伦湖位于今内蒙古呼伦贝尔市之西南边地，也正是大兴安岭北段之西南。湖面是西南—东北走向，南北长二百余里，东西宽百余里，周围五百余里，按古代小计量之"里"，正所谓"方千余里"，这"方千余里"的呼伦湖畔，自然"厥土昏冥沮洳"，是一片低洼沼泽湿地了。宣皇帝第一推寅时期的拓跋历史，为呼伦贝尔大泽时期。

宣皇帝推寅其后历经六帝，至第十三代皇帝："献皇帝讳邻立。时有神人言于国曰：'此土荒遐，未足以建都邑，宜复徙居。'帝时年衰老，乃以位授子"（《魏书·序纪》）。据《魏书》记载，第十三代皇帝献皇帝邻，蒙受神灵指引，拓跋鲜卑又继续开始迁徙进程。

此时的献皇帝邻由于年老，为了更好地领导拓跋部完成迁徙，传位给圣武皇帝诘汾。献皇帝邻责令诘汾"命南移，山谷高深，九难八阻，于是欲止。有神兽，其形似马，其声类牛，先行导引，历年乃出。始居匈奴之故地"（《魏书·序纪》）。这里的"匈奴故地"，其实就是为匈奴所盘踞的漠南阴山一带。

对此次南迁，史书并没有明确地记载具体的迁徙经过，只说"山高谷深，九难八阻"。学者曾经推拟出两条可能的路线：②

第一，呼伦贝尔地区→（西南迁徙至）西辽河下游→漠南阴山地带（内蒙古中部地区）

第二，呼伦贝尔地区→（西南迁徙至）蒙古高原（蒙古国境内）

---

①宿白：《东北、内蒙古地区的鲜卑遗迹——鲜卑遗迹辑录之一》，《文物》1977年第5期。

②吴松岩：《鲜卑起源、发展的考古学研究》，上海古籍出版社2018年版，第134页。

→阴山地带（内蒙古中部地区）

从《魏书》"山高谷深"的记载来看，拓跋部的南徙很可能是由呼伦湖附近南下，沿大兴安岭山麓向西南方迁移。其迁徙路线，不一定一直是向西南方向，中途可能经历了多次曲折，这样才会一次次经历翻越高山、跨越深谷的险难。目前，多数学者认为，拓跋部自呼伦贝尔草原南下后，曾经穿越锡林郭勒草原，在南杨家营子（今内蒙古赤峰巴林左旗林东镇北约35公里处）一带做过短暂停留，第一条路线较为学者所认同。

拓跋鲜卑的南迁策略，主要出自宣皇帝推寅和献皇帝邻，由此，拓跋鲜卑实现了伟大的历史转折，一步一步走入了历史的舞台。《魏书》说拓跋鲜卑"其迁徙策略，多出宣、献二帝，故人并号曰'推寅'，盖俗云'钻研'之义"（《魏书·序纪》）。他们将最美好的名号，共同赋予自己部落的两位杰出首领。由此，献皇帝邻又被称为第二推寅。经过这次大迁徙到达漠南以后，从此开始以"拓跋"为氏。

马长寿认为，献皇帝邻即第二推寅，就是檀石槐鲜卑部落联盟时期的西部大人之一的日律推演。王沈《魏书》中提到，檀石槐三部中的西部大人有置鞬落罗、日律推演、宴荔游，胡三省在注《资治通鉴》时认为：

> 《魏书》曰：汉桓帝时，鲜卑檀石槐分其地为东西三部，其大人曰置鞬落罗，曰律推演、宴荔游等，皆为大帅。推演，盖即推寅也。按魏收《魏书·帝纪》：毛死，贷立；贷死，观立；观死，楼立；楼死，越立；越死，推寅立。推寅，盖俗云钻研之义。

也就是，胡三省认为，檀石槐的西部大人日律推演，就是拓跋鲜卑首领宣帝推寅。马长寿认为"这种见解是有卓识的"[①]，同时做了一点修正，认为檀石槐的西部大人推演不是拓跋鲜卑的宣帝推寅，而是第二推寅献帝邻。此后，这种观点渐成为学术界的通说。

拓跋鲜卑进入漠南以后，"建国拓跋，因以为氏"（《资治通鉴·魏纪九》），从此开始以"拓跋"为族称，称作"拓跋氏"或"拓跋鲜卑"。此时正值檀石槐被鲜卑各部推举为"大人"，在草原建立军事联盟，进而"尽据匈奴故地"，并分其地为中、东、西三部，第二推寅当即在此时成为大联盟的西部大人之一，此为拓跋部历史的漠南阴山时期。

（三）诘汾与力微

据《魏书》记载，在拓跋部圣武皇帝诘汾率领部众南迁的过程中，曾经带数万骑在山泽间田猎。田猎时，一位美丽的天女从天而降：

> 初，圣武帝尝率数万骑田于山泽，欻见辎軿自天而下。既至，见美妇人，侍卫甚盛。帝异而问之，对曰："我，天女也，受命相偶。"遂同寝宿。旦，请还，曰："明年周时，复会此处。"言终而别，去如风雨。及期，帝至先所田处，果复相见。天女以所生男授帝曰："此君之子也，善养视之。子孙相承，当世为帝王。"语讫而去。子即始祖也。故时人谚曰："诘汾皇帝无妇家，力微皇帝

①马长寿：《乌桓与鲜卑》，广西师范大学出版社2006年版，第225页。

无舅家。"(《魏书·序纪》)

这位天女自称是天帝之女,受命与诘汾结为夫妇。天女与诘汾同居,生下一个儿子,将其托付诘汾之后飘然而去。天女所生的婴儿就是拓跋部后来的神元帝力微。因为天女不知所踪的缘故,所以拓跋部流传着"诘汾皇帝无妇家,力微皇帝无舅家"的谚语。

诘汾死后,公元220年力微即位。力微即位之初,受到周围其他部众的侵袭,部众离散。力微被迫投奔当时居于五原(今内蒙古包头市西南)的没鹿回部大人窦宾,成为依附没鹿回部的部落。

投靠没鹿回部落后,窦宾为力微攻伐西部大人,结果兵败,战马走失只能步行。力微派人将所骑乘的骏马给窦宾,窦宾因而获救。回到没鹿回部后,窦宾寻找赠马之人,力微隐而不言。很久以后,窦宾才知道是力微赠马。窦宾甚为感激,想要将自己控制的地区的一半分给力微,但是力微拒绝了,窦宾因此将女儿嫁给力微。力微又请求率领所部北居长川(今内蒙古兴和县),"积十数岁,德化大洽,诸旧部民,咸来归附"(《魏书·序纪》)。因为力微治理有方,旧部重来归附,拓跋鲜卑再次壮大。

力微在位的第二十九年(248),窦宾去世。窦宾去世前,曾经叮嘱自己的两个儿子,让他们侍奉力微,但力微的两个儿子阴谋发动叛乱,力微召而杀之,吞并了窦宾的部众。在吞并了没鹿回部落后,力微的部众更加强大,其武装力量达到"控弦士马二十余万"。

力微在位的第三十九年(258),将部落迁移到定襄的盛乐(今内蒙古和林格尔西北)。四月间举行祭天大典,各部落的首领都来助祭，只有白部的大人旁观而不肯前来。力微派人把他召来后杀掉了，于是，远近部落都对神元皇帝十分恭敬。力微以拓跋部为中心，建立起一个部落大联盟，确立了自己的大酋长地位。

力微时代，檀石槐部落大联盟已经解体，拓跋鲜卑的势力发展迅速。力微在盛乐建立部落大联盟成分异常复杂，除去拓跋部的"帝室十姓"外，还有"内入诸姓"（75个非拓跋鲜卑的部落）和"四方诸姓"（东方宇文、慕容氏二部，南方茂眷氏等七部，西方尉迟氏等十六部，北方贺兰氏等十部）。

神元皇帝力微在位五十八年，对拓跋鲜卑事业实具开创之功。他是一位有着雄大野心的领袖，积极推进拓跋鲜卑的社会改革，而且力主与中原地区的曹魏政权保持友好关系。他在盛乐举行祭天大典时说：

> 我历观前世匈奴、蹋顿之徒，苟贪财利，抄掠边民，虽有所得，而其死伤不足相补，更招寇仇，百姓涂炭，非长计也。（《魏书·序纪》）

力微借鉴了匈奴的教训，转而与曹魏和亲。其在位的第四十二年（261），"遣子文帝（沙漠汗）如魏，且观风土"。沙漠汗在中原魏都洛阳前后居住达七年之久，经历了曹魏到西晋的改朝换代，对中原文化非常熟悉，为"魏宾之冠"，"在晋之日，朝士英俊多与亲善，雅为人物归仰"。

一、拓跋氏与代国

(一) 纷乱的拓跋鲜卑部

力微共有四个儿子,沙漠汗是长子,以下依次为悉鹿、绰、禄官。

其中,沙漠汗久在中原,受中原文化熏染,由晋归国后,鲜卑元老以其"似得晋人异法怪术,乱国害民之兆所忌"(《魏书·序纪》),向力微进谗言,力微言:"不可容者,便当除之。"由是被害。

力微死后,其汗位兄弟相传,公元277—286年,拓跋悉鹿即位,公元286—293年,拓跋绰即位。在此之后,沙漠汗之子拓跋弗成为拓跋鲜卑的最高首领,但在位仅一年,便被其叔拓跋禄官杀害篡权。

拓跋禄官在位时,拓跋鲜卑的疆土被划分为东、中、西三部:

> 昭皇帝讳禄官立,始祖之子也。分国为三部:帝自以一部居东,在上谷北,濡源之西,东接宇文部;以文帝之长子桓皇帝讳猗㐌统一部,居代郡之参合陂北;以桓帝之弟穆皇帝讳猗卢统一部,居定襄之盛乐故城。(《魏书·序纪》)

拓跋禄官自己统治东部,沙漠汗的儿子拓跋猗㐌、拓跋猗卢分别统治中部和西部。

拓跋鲜卑分为三部以后,中部拓跋猗㐌的势力迅速上升。公元306年,拓跋猗㐌病逝,其子普根即位。普根的能力不及其父,其控制下的中部拓跋鲜卑逐渐式微。两年后，拓跋禄官病死。西部的拓跋猗卢乘机"总摄三部"，重新统一了拓跋鲜卑。

拓跋猗卢统一三部后，北方黄河流域面临着两大乱局：一是西晋末年的"八王之乱"引发"永嘉之乱"，导致西晋灭亡；二是匈奴刘渊（后赵）灭亡西晋，东晋南渡，掀起了十六国之乱。

拓跋猗卢在位期间，坚持通好西晋王朝。当刘渊乘"八王之乱"起兵反晋，并州地区遭受围攻，西晋王朝岌岌可危之际，拓跋猗卢大力援助时任并州刺史的刘琨，同反晋势力作战。其援晋之功屡受朝廷晋封，由此为代国的建立奠定了基础。晋怀帝永嘉四年（310），依附刘渊汉国的"白部大人叛入西河，铁弗刘虎举众于雁门以应之，攻琨新兴、雁门二郡。琨来乞师，帝使弟子平文皇帝将骑二万，助琨击之，大破白部"（《魏书·序纪》），"白部"指慕容鲜卑；"西河"即西河国，属并州；"铁弗"系匈奴单于后裔；"新兴、雁门二郡"均属并州。为击退白部、铁弗，刘琨向拓跋猗卢求援，拓跋猗卢发战骑二万，"大破白部"，"次攻刘虎，屠其营落"，解除了并州之危。

战后，"晋怀帝进帝大单于，封代公"，以代郡为拓跋猗卢封邑。代郡治所在今河北蔚县，属幽州。于是拓跋猗卢"以封邑去国悬远，民不相接"为由，要求入据今代县句注山岭以北之地，刘琨将雁门所属陉岭以北之楼烦、马邑、阴馆、繁峙、崞五县之人民至南，重建城邑。拓跋猗卢据有了"东接代郡，西连西河、朔方，方数百里"的并州北部地区，疆域大大拓展，实力也大为增强，建立代国的条件逐步成熟了。

（二）代国的建立与灭亡

公元315年，拓跋猗卢自称代王，建立了历史上第一个拓跋鲜卑政权——代。

拓跋猗卢即位后，拓跋鲜卑再一次出现继承问题。拓跋猗卢宠爱自己的小儿子比延，想要传位于他。为了达到这一目的，拓跋猗卢命令长子拓跋六修出居新平城，同时废黜了其母的皇后地位。拓跋六修又有名马，拓跋猗卢命其将马给予比延。后来拓跋六修来朝，猗卢又命令六修参拜比延。凡此种种，积怨成怒。

公元316年，拓跋猗卢召拓跋六修朝见，六修不还，猗卢遂兴兵攻伐，然而战败。战败后，猗卢微服出逃，死于民间。拓跋猗卢另一个儿子普根发兵打败六修，成为拓跋部的最高首领，但仅仅一个月后，普根就去世了。拓跋猗卢一系拥立刚出生不久的普根之子继承汗位，而就在这一年的冬天，普根之子也莫名其妙地死去。最后，拓跋弗（拓跋猗卢之弟）之子拓跋郁律夺取了政权。

然而，拓跋郁律最终被拓跋猗卢一系的势力所害，同时被杀害的还有拓跋鲜卑的首领几十人。拓跋猗卢之子、普根之弟拓跋贺傉即位。在拓跋贺傉去世后，他的弟弟拓跋纥那即位。后来，拓跋猗卢一系的势力衰退后，拓跋纥那出逃到支持自己的宇文部。贺兰部以及支持拓跋郁律一系的鲜卑诸部大人，共同拥立了拓跋郁律的长子拓跋翳槐做了可汗。

从拓跋部此段的历史来看，惠皇帝拓跋贺傉、炀皇帝拓跋纥那、烈皇帝拓跋翳槐都不是大有为之君，而仅能守土自保。在内外动荡的变乱之下，地位更迭频繁，代国走向中衰。

拓跋翳槐在位的时期，中原地区羯族建立的后赵政权实力正强。为了改善与后赵的关系，拓跋翳槐让自己的弟弟拓跋什翼犍去后赵做人质，住在襄国，后来又迁往后赵的新都城邺城。公元338年十月，拓跋翳槐病重，临终留下遗命："必迎立什翼犍，社稷可安"（《魏书·序纪》）。拓跋翳槐死后，鲜卑众臣认为国家新丧，内外未安，且拓跋什翼犍在南方，是否能够顺利前来承接地位不能确定，在他到来的间隙中，恐怕会生出新的变故，因而应该确立君长来安抚上下。

　　当时在盛乐的拓跋翳槐的兄弟有两人，论年长当推其三弟拓跋屈，但拓跋屈本人刚猛多变，不如四弟拓跋孤宽和柔顺，于是鲜卑大人梁盖等杀拓跋屈，推举拓跋孤即帝位。拓跋孤说："吾兄居长，自应继位，我安可越次而处大业。"于是，拓跋孤亲自到邺城迎接拓跋什翼犍，并向后赵政权请求自己留为人质，换取拓跋什翼犍返回代国。后赵的石虎被拓跋孤的行为深深打动，遂让二人一同返回。公元338年十一月，拓跋什翼犍在繁峙（今山西浑源西）即代王位，作为报答，将代国领土的一半分给拓跋孤管理。即位第二年（339），拓跋什翼犍"始置百官，分掌众职"（《魏书·序纪》）。即位第三年（340），将都城由繁峙迁回旧都盛乐。即位第四年（341），在盛乐城南八里修建了新城，从此有了稳定的政治中心。即位第五年（342），按新制训练军队，军队开始正规化。经过几年的整顿，代国一步步走出中衰，重新走向振兴。

　　拓跋什翼犍即位后，对当时的后赵和前燕采取友好交往之策，为代国发展营造了良好的和平环境。此后，自建国二十六年至三十三年（363—370）八年间，拓跋什翼犍在国内安定、政权巩固、代国实力大增的基础上，开始对外征讨：

建国二十六年（363），拓跋什翼犍第一次征讨高车，"讨高车，大破之，获万口，马牛羊百余万头"（《魏书·序纪》）。

建国三十三年（370），拓跋什翼犍再次征讨高车，"大破之"。

建国二十八年（365），铁弗匈奴刘卫辰与代国为敌，拓跋什翼犍讨之，"卫辰惧而遁走"。

建国三十年冬（367），拓跋什翼犍再次征讨铁弗匈奴，"卫辰与宗族西走，收其部落而还，俘获生口及马牛羊数十万头"。

经过两次远征漠北的高车以及两次讨伐铁弗匈奴，代国的军事实力达到顶峰。然而，盛极必衰，建国三十四年至三十九年（371—376），是拓跋什翼犍在位的最后六年。这六年，是拓跋什翼犍统治下的代国由盛而衰最终灭亡的六年。

建国三十四年（371），"帝室十姓"之一的长孙斤（拓跋什翼犍侄儿，拓跋孤之子）谋反，最后伏诛。"斤之反也，拔刃向御座，太子献明皇帝讳寔扞之，伤胁。夏五月，薨，后追谥焉"（《魏书·序纪》）。长孙斤的谋反，让拓跋什翼犍付出了太子殒命的代价。

公元370年，前秦苻坚灭前燕割据北方，国力达于鼎盛。苻坚志在经略四方，统一华夏，灭亡代国自然是他的既定方针。此后，苻坚支持铁弗匈奴刘卫辰反代。

建国三十九年（376），刘卫辰攻打代军，苻坚率20万大军辅助，代军大败。此时的拓跋什翼犍抱病不能出战，逃往漠北高原。然而，漠北又遭到被拓跋什翼犍征服的高车的反叛，高车对拓跋什翼犍四面寇抄。不得已，拓跋什翼犍退守都城盛乐，又遭遇庶长子拓跋寔君屠戮诸皇子的萧墙之祸，后暴崩。听到拓跋什翼犍已死的消息后，前秦大将李柔、张蚝迅速带兵攻破云中，拓跋寔君后被押解至前秦都城长安，车裂而死。由此，代国灭亡。

二、拓跋氏与北魏

（一）北魏的建立与疆域开拓

公元376年，苻坚灭亡代国后，准备将包括拓跋什翼犍之孙拓跋珪在内的鲜卑贵族迁至长安。拓跋珪当时六岁，代国左长史燕凤痛感国家沦亡，怜惜拓跋珪幼弱，而欲为之计。

燕凤素为苻坚所敬重，于是燕凤对苻坚进言说："代国的国王什翼犍刚刚死去，众大臣和部落大人都反叛了。他的孙子拓跋珪幼小无知，不能辅佐，南部大人刘库仁凶狠而有智谋，刘卫辰狡猾多变，都不可以为伍，我的意见是分代国为二，黄河以西之地由刘卫辰统辖，黄河以东之地则为刘库仁所有。这两个人素有深仇，且势力相当，谁也不敢先发难攻击对方，都想靠你的力量抑制对方，你可利用他们的矛盾控制他们，这是你治理北部边疆的上策。待拓跋珪长大之后，你立他为王，这是你施给拓跋珪大恩惠呀"（《魏书·燕凤传》）。

代国灭亡后，其疆土的统治对苻坚而言是一大难题。燕凤之意，是让苻坚暂时将代国分为东西两部，交给两个相互仇视的部落大人统领，二者可以相互牵制，维持暂时的统治。但是，二人都不是可以长久依靠之人，其后若谋逆反叛，不可控制。但是，若善待拓跋珪，待其长大后立其为王，必然报恩，可以成为前秦的守藩之臣。有拓跋珪的镇守，代国民心归之，刘卫辰和刘库仁的反叛就失去了根基。

　　苻坚接受了燕凤的建议，在其大军撤退以后，遂以刘卫辰和刘库仁分摄代国国事。代国南部大人长孙嵩及元他等人，将代国故民尽数交付刘库仁统理，拓跋珪与母亲也被迫投奔独孤部。刘库仁对拓跋珪予以礼遇，常常对自己的儿子说拓跋珪"有高天下之志，兴复洪业，光扬祖宗者，必此主也"（《魏书·太祖纪》）。

　　公元383年，苻坚在淝水之战中战败，北方在失去霸主之后，又群雄纷起。公元384年，拓跋珪15岁，刘库仁被部将慕容文所杀，其兄刘眷代摄国政。公元385年，刘库仁之子刘显杀刘眷自立为主。刘眷欲害拓跋珪，商人王霸知之，在众人之中故意踩踏拓跋珪的脚，拓跋珪机警异常，于是迅速出逃。

　　拓跋珪的母亲是贺兰部首领贺讷的亲妹妹，因而拓跋珪在逃出独孤部以后，就投奔了舅舅贺讷。贺讷见拓跋珪少年老成，谈吐不凡，非常喜爱，对他大力扶持，希望他能重整河山，再兴拓跋一族。在得到拓跋珪在贺兰部的消息后，远近流散的代国旧臣相继前来归附，诸部大人也纷纷请求贺讷，表示愿意拥立拓跋珪为主，重振代国，贺讷表示赞成。

　　公元386年正月，拓跋珪在牛川（今内蒙古乌兰察布市境内锡拉木林河）大会鲜卑拓跋各部，举行登基典礼，年号登国。同年二月，拓跋珪率部众回到代国故都盛乐城。四月，拓跋珪改国号为魏，自称为魏王，史称北魏。

　　北魏建国时，周围强敌环伺。北边有贺兰部，南边有独孤部，东边有库莫奚部，西边河套一带有铁弗部，阴山以北有柔然部和高车部，太行山以东和以西有慕容垂的后燕和慕容永的西燕。处在夹缝中的北魏，只能大规模扩张以求取生存空间。

外部不宁方来，内部纷争亦起。公元386年五月，拓跋珪的叔叔，拓跋什翼犍的小儿子拓跋窟咄与独孤部的刘显勾结，企图取拓跋珪而代之。拓跋珪在后燕慕容垂的帮助下，于同年十月在高柳（今山西阳高）大败拓跋窟咄，内乱暂平。

内乱平定后，拓跋珪开始了扫平四方的军事征讨。

公元387年，拓跋珪乘胜追击，大败独孤部刘显和刘卫辰二部，占领了从五原到固阳塞一带的产粮地区。

公元388年五月，拓跋珪北征库莫奚部，六月大破之。十二月，拓跋珪征伐鲜卑解如部，大破之。

公元389年正月，拓跋珪率部西征高车部，大破之。二月，讨叱突邻部，亦破之。

公元390年，拓跋珪又率部西征高车袁纥部，获人口及牛马二十余万，又讨贺兰、纥突隣、纥西等部落，均破之。

公元391年，拓跋珪率众西征高车黜弗部，大破之。

在同一年，拓跋珪一举消灭了刘卫辰，黄河以南的广大地区尽为其所有。

在短短的几年时间里，拓跋珪东征西讨，势力不断扩大，四周部落如高车、柔然、库莫奚等部纷纷被兼并，俘获其大量牛马人口，一跃成为塞北强国。

北魏在强大以后，与慕容垂建立的后燕政权渐成敌对之势。公元392年，拓跋珪派自己的小弟弟拓跋觚出使后燕。后来，后燕要求北魏进贡大量马匹，拓跋珪没能满足其需求，后燕竟将拓跋觚扣留在中山，致使拓跋珪的母亲贺氏忧愤而死，北魏与后燕的关系开始出现裂痕。

公元394年，后燕慕容垂灭亡西燕。公元395年五月，后燕慕容宝进攻北魏，于参合陂大败。公元396年三月，慕容垂亲率大军复仇，拓跋珪避其锋芒，后燕军因慕容垂病重不得已而退兵，慕容垂在归途中病死。七月，拓跋珪在盛乐称帝，改元皇始。八月，拓跋珪乘慕容垂新死，进军后燕，公元397年，后燕灭亡。

在灭亡后燕的第二年(398)七月，拓跋珪将都城迁址平城，北魏的统治中心进一步向中原地区靠近。

在北魏的统治区域内，拓跋珪仿效中原文化，开始了政权的各方面建设。

公元398年二月，拓跋珪"诏给内徙新民耕牛，计口受田"（《魏书·太祖纪》）。同年十二月，拓跋珪又宣布行夏历，敬授民时。

公元399年春三月甲子，拓跋珪下令"令五经群书各置博士，增国子太学生员三千人"（《魏书·太祖纪》）。秋七月辛亥"诏礼官备撰众仪，著于新令"（《魏书·太祖纪》）。冬十月，"太庙成，迁神元、平文、昭成、献明皇帝神主于太庙"（《魏书·太祖纪》）。

公元400年二月丁亥，"始耕籍田"（《魏书·太祖纪》），进一步表明对农业的重视。

公元401年，"集博士儒生，比众经文字，义类相从，凡四万余字，号曰众文经"（《魏书·太祖纪》）。

拓跋珪的一生主要是在征战四方中度过的，及至晚年，神志昏聩，渐露暴君之相。拓跋珪早年，在太医令阴羌的指导下服用寒食散（五石散）。后阴羌死，拓跋珪不懂药性，服用寒食散失节，逐渐出现中毒症状，"忧懑不安，或数日不食，或不寝达旦。归咎群下,喜怒乖常"(《魏书·太祖纪》)。在药性的作用下,拓跋珪喜怒无常,性情狂躁,多疑迁怒,胡言乱语,竟夜不止,经常因琐事杀戮大臣。朝廷上下人人心怀危惧,终于促成北魏王朝的内部动乱。

公元409年十月,拓跋珪之子拓跋绍因对其父久怀怨恨,且因为生母被拓跋珪无礼苛待,遂联络拓跋珪宠姬万人,冲进寝宫,将拓跋珪刺死,一代雄主不明不白地死在自己儿子的手里,北魏王朝进入一个崭新的时代。

拓跋珪死后,废太子拓跋嗣返回平城,联络诸大臣杀死拓跋绍,平息了内乱,登基称帝。公元423年十一月,拓跋嗣病死,其长子拓跋焘继位。

拓跋焘与拓跋珪一样,同是一位以文治武功著称的雄主。

就武功而言,拓跋焘在其在位的二十八年内,进一步开拓了北魏的疆域。公元431年灭掉匈奴赫连氏的大夏,436年灭掉北燕冯氏,439年灭掉割据河西的北凉沮渠氏,公元449年,拓跋焘亲率大军击败北方的柔然,将其驱逐到漠北。南平江淮,北抗柔然,使北魏成为当时南北七千余里、东西一万二千余里的统一大帝国。 其地理疆域北至大漠,西至今新疆东部,东北至辽河流域,南至江淮一带。

就文治而言,拓跋焘在位期间,统一了文字体例,使魏体文字成为文字体例的一大流派。他兴儒学,办太学,儒术自汉武以后重现辉煌。他尊黄帝为始祖,确立鲜卑的文化地位,消除了民族隔阂。他封爵战场有功者,惩治临阵脱逃者,抚恤尽忠将士。他大力选拔重用汉族知识分子,选贤举能。他兴道灭佛,将道教提升到国教的地位。他惩治贪官污吏,效法汉族,改定律制。

（二）文明太后与拓跋宏汉革

公元452年，拓跋焘死于宦官宗爱之手。

宗爱，其人出身不详，曾因犯罪而成为宦官，后来历任闲杂碎职而进为中常侍。公元451年，拓跋焘南征而回，颁赏群臣，任命宗爱为秦郡公。当时，拓跋焘的太子拓跋晃已经开始监国，给事仇尼道盛、侍郎任平城是其亲随，二人曾经任权妄为，被拓跋焘知晓。宗爱天性险暴，多行不法，拓跋晃对之颇为不齿。另外，仇尼道盛与任平城二人与宗爱不睦。

宗爱因为惧怕道盛等人追究其事，于是在拓跋焘面前构陷二人。拓跋焘震怒，将二人斩于街市。太子拓跋晃因此忧惧成疾，于24岁病逝。拓跋焘深为太子的去世感到后悔，宗爱因为恐惧被诛，遂起谋逆，趁拓跋焘酒醉将其刺死。

其后，宗爱依仗宦官势力，拥立拓跋余为帝。拓跋余登位后，众人都认为宗爱有秦代宦官赵高之志，拓跋余因此对宗爱起疑。宗爱大怒，派小黄门贾周等人夜杀拓跋余。拓跋余死后，宗爱准备另立新君，却被源贺等人先下手除掉。源贺拥立拓跋余之子拓跋濬即位，是为魏高宗。

魏高宗拓跋濬在26岁时去世，其12岁的儿子拓跋弘即位。

文成文明皇后冯氏，是长乐信都人。她的父亲冯朗，是秦、雍二州刺史，西城郡公，母亲乐浪王氏。后来冯朗因事获罪被诛，冯氏于是入宫。魏太武帝拓跋焘的左昭仪是冯氏的姑姑，素有母德，对其进行抚养教育。在拓跋濬14岁时，冯氏被选为贵人。拓跋弘即位后，冯氏被尊为皇太后。当时丞相乙浑谋反，献文帝拓跋弘只有十二岁，正在守丧，冯氏设计诛杀乙浑，而后临朝听政。年轻守寡的冯氏耐不住寂寞，行为不正，在宫内宠幸情人李弈，拓跋弘对此深以为耻，因事诛杀了李弈。冯氏心怀怨恨，在其逼迫下，18岁的拓跋弘不得已禅位于5岁的儿子拓跋宏，成为太上皇。

公元476年，北魏孝文帝拓跋宏已经10岁。当年，拓跋弘禅位后暴崩，时年23岁，"时言太后为之也"。冯氏被拓跋宏尊为太皇太后，再次临朝听政。

拓跋宏的母亲李氏，在其被立为太子后，依照北魏"子贵母死"的定制被赐死，拓跋宏是在文明太后冯氏的抚养下长大的。因而，文明太后对拓跋宏有养育之恩。但是，拓跋宏的父亲毕竟传言被太后害死，所以文明太后一直对此相当忌惮，从如下两事可以得到确证：

> 五岁受禅，悲泣不能自胜。显祖问帝，帝曰："代亲之感，内切于心。"显祖甚叹异之。文明太后以帝聪圣，后或不利于冯氏，将谋废帝。乃于寒月，单衣闭室，绝食三朝，召咸阳王禧，将立之，元丕、穆泰、李冲固谏，乃止。（《魏书·高祖纪》）
>
> 宦者先有谮帝于太后，太后大怒，杖帝数十，帝默然而受，不自申明。（《魏书·高祖纪》）

拓跋弘在被逼禅位之时，曾经问自己年幼的儿子拓跋宏感受如何，拓跋宏悲泣不能自胜，说："代替父亲王位的感觉，一辈子都会牢记于心。"拓跋宏的对答表现出惊人的天资，文明太后因而怀疑他以后将对自己不利，于是图谋废帝，更立他人。她命令拓跋宏在寒冬着单衣，将其软禁于宫内。后来，在拓跋旧臣的劝谏下，文明太后方才作罢。其后，有宦官在文明太后面前诽谤拓跋宏，太后大怒，杖责拓跋宏数十。这两件事情说明，文明太后对拓跋宏一直是深怀戒心的。

文明太后一方面对拓跋宏深怀疑惧，故而大权独揽，政由己出。一方面杀伐决断，善用权术，朝臣无不拜服。北魏政权在其统治时期，总体政治清明，任人得当，保持了向好的发展态势。史书载：

> 自太后临朝专政，高祖雅性孝谨，不欲参决，事无巨细，一禀于太后。太后多智略，猜忍，能行大事，生杀赏罚，决之俄顷，多有不关高祖者。是以威福兼作，震动内外。故杞道德、王遇、张祐、苻承祖等拔自微阉，岁中而至王公；王叡出入卧内，数年便为宰辅，赏赉财帛以千万亿计，金书铁券，许以不死之诏。李冲虽以器能受任，亦由见宠帷幄，密加锡赉，不可胜数。后性严明，假有宠待，亦无所纵。左右纤介之愆，动加捶楚，多至百余，少亦数十。然性不宿憾，寻亦待之如初，或因此更加富贵。是以人人怀于利欲，至死而不思退。（《魏书·文成文明皇后冯氏传》）

在文明太后统治期间，朝政"多有不关高祖者"，拓跋宏实际已经被排除于决策之外，其职责无非是发布诏书，发号施令，图具帝王虚名而已。在文明太后任用的朝臣中，有其宫廷男宠，有内事阉宦，有办事能臣，人物品类不一，然而皆能各尽其用。文明太后恩威并施，生杀赏罚，不拘一格，因而"人人怀于利欲，至死而不思退"。作为一名杰出的女性政治家，虽然其私生活为人所诟病，但从政治方面而言，文明太后无疑是非常合格的。

在文明皇后专政、拓跋宏虚位的政治时段内，北魏进行了一系列政治制度的确立。公元485年，北魏实行均田制。在此之前的北魏初期，政府曾经在京城附近实行过计口授田，均田制就是在这一基础上推广、改进而发展起来的。另外，中国古老的一夫受田百亩的井田制以及西晋占田制，都给了均田制以经验借鉴。在均田制颁布的同一年，又宣布实行三长制。五家立一邻长，五邻立一里长，五里立一党长。三长皆由本乡有威望者担任。三长制代替了过去的宗主督护制，改变了"民多隐冒，五十、三十家方为一户"（《魏书·李冲传》）的状况，这使趁着管理混乱而荫庇大量人口的汉族大地主受到约束和打击，因此他们群起而攻之。但当时掌握朝政的文明太后很有识见，她认为："立三长，则课有常准，赋有恒分，苟荫之户可出，侥幸之人可止，何为而不可"（《魏书·李冲传》）。在她的坚持下，三长制得以推行。

与均田制、三长制相辅相成的还有新的租调制。北魏原来实行的租调制很混乱。"天下户以九品混通，户调帛二匹、絮二斤、粟二十石。"由于户籍不清，人民负担重。实行新的租调制后，规定一夫一妻出帛一匹、粟二石；其他人口、耕牛就按此类推。家庭作为受田纳税单位，人民负担有了一定之规。故"事（指新租调法）施行后，计省昔十有余倍，于是海内安之"（《魏书·食货志》）。

应当认为，如上一系列的改革，其实都是在文明太后的一手主持下完成的。经过这一系列改革，拓跋鲜卑建立的北魏最终摆脱了游牧生活的影响，开始成为典型的中国式的封建王朝。也正是这一系列改革，使拓跋氏的政权获得了中原汉族士大夫的认同，使之能够在中原地区存在下去，并被认为是中国正统王朝之一，文明太后居功至伟，功不可没。

公元490年九月，文明太后病逝，拓跋宏亲政，这就是历史上有名的北魏孝文帝。

拓跋宏亲政后的第一件大事，就是将北魏都城从平城迁到洛阳。北魏自公元398年定都平城，到孝文帝时期，已经有近百年的时间，平城再也难以适应形势发展的需要。从地理上看，平城地处偏远，不是全国的地理中心，不便于统治中原地区；从经济上说，平城地处雁门关以北，气候寒冷，土地贫瘠，灾荒多发，粮食供应经常发生困难；从军事上说，在统一了北方以后，北魏的战略方针已经转向南方，需要充分利用中原地区的人力物力，平城地处北方边境地区，不具备向南开拓的战略条件；从政治上看，北魏统治者要实行汉化政策，实现与汉族地主的进一步合作，必须离开鲜卑守旧势力的集中地。而洛阳地处黄河、洛水之间，社会经济、文化均很发达，且交通便利，迁都于此，便于加强对中原地区的控制，进而攻伐江南，统一全国。由于上述原因，孝文帝亲政以后便下决心迁都洛阳。

但是，迁都是朝政大事，关系到众多鲜卑贵族的切身利益，贸然南迁，必定会遭受到阻挠。于是，孝文帝转而寻求他法，逼迫鲜卑贵族南迁。《魏书·李冲传》说："高祖初谋南迁，恐众心恋旧，乃示为大举，因以胁定群情，外名南伐，其实迁也。"北魏太和十七年(493)拓跋宏以南征为名，出师征伐，他说：

> 文武之道，自古并行，威福之施，必也相藉。故三、五至仁，

尚有征伐之事；夏殷明睿，未舍兵甲之行。(《魏书·高祖纪》)

圣人之大宝，惟位与功，是以功成作乐，治定制礼。(《魏书·李冲传》)

孝文帝以上古帝王自比，以建德立功为由，以统一天下为名，历举魏晋因不事征伐而国祚促短的历史，对群臣下定决心说："南有未宾之竖，兼凶蛮密迩，朕夙夜怅惋，良在于兹。取南之计决矣，朕行之谋必矣"(《魏书·李冲传》)。

北魏太和十七年 (493) 六月，拓跋宏正式出师南征，特命鲜卑贵族随行，兴兵三十万。时当秋雨连绵，道路泥泞，众人不堪其苦，但拓跋宏仍执意挥军前行：

自发都至于洛阳，霖雨不霁，仍诏六军发轸。高祖戎服执鞭，御马而出，群臣启颡于马首之前。(《魏书·李冲传》)

在艰难的行军条件下，鲜卑贵族纷纷表示难以前行，在拓跋宏马前涕泣劝止。拓跋宏佯怒，说："长驱南下之策，在朝廷已经议定，现在大军将要继续前行，诸位还有说什么呢？"大臣李冲回答说："我们不能献上精密的谋划，让您坐有四海，而使南方有窃取帝号的贼子存在，这是我们的过失。但现在离都淫雨，士马困弊，前路尚遥，水潦方甚。在洛阳境内，小的水灾都足以导致大的祸患，更何况南方长江浩瀚无涯，如果准备南渡的舟楫，那么必须停留制造。现在军队疲惫，粮食缺乏，进退为难，正视困难回撤军马，这是目前最合适的做法。"

拓跋宏说："进伐南方，这是我们一致的意见，前面已经说过。而眼下你们因天雨而犯难，然而天时也是可以了解的。为什么呢？夏天既然烈日炎炎，北方干旱，秋天必定雨水很多，而初冬时节，天必晴爽。等到下个月初十左右，如果淫雨仍然不止，这就是天意不许，假如在此间天晴，行军则无多大妨碍。古时的君王不讨伐不幸的国家，那指的是诸侯同辈的国家，而不是指作为王者统一天下而言的。今天已到这步，怎么能随便就不走了呢？"

李冲又说："这次南征，天下之人都不情愿，只有陛下您一个人要这样做。汉文帝说，我独乘千里马，这是要到哪里去？为臣有请您回驾之意但一时无辞可说，唯以一死请陛下改变初衷。"

拓跋宏大怒说："朕正要经营宇宙，统一海内，而你们这些儒生，却屡屡疑惑我的大计划，战事有它的常规，你们不要再多嘴！"打马准备出发。于是，大司马、安定王元休，兼左仆射、任城王元澄等人一起殷殷泣谏。

拓跋宏于是宣明群臣说："现在兴动不小，动而无所成就，何以昭示后人？假如班师回朝，又无以垂名千载。朕仰思我魏远祖，世代居住幽僻的荒漠，当年不顾众人异议举都南迁，为的是享受无穷之美，岂是没有心计、轻率离祖宗陵壤的行为？今天的君子，宁是独有胸怀？当是由于人代天工、王业须成的缘故。如果不向南征伐，就当移都于此，光被中原，机会也是时运，王公大人们你们以为如何？讨论的结果，再不得出尔反尔，同意迁都的靠左边站，不同意的往右站。"安定王元休等人纷纷站到右边去了。

前南安王元桢说："大凡愚陋的人鼠目寸光，不明事体，机智的人有先见之明，察事于未萌之中。施行大德的不听普通人的议论，成就大功的不让老百姓参与谋划，非常之人才能建就非常之事。开阔神都以延续帝王之业，在中土建造帝王之都，当年周公行之在前，如今陛下行之于后，所以这是很合适的事情。况且天下至为重要的，莫如皇帝居室了，大凡体贵之人，岂能裸体而立？臣等请求皇上安顿好玉身贵体，下以慰藉百姓所望，光被中原，停止南征。这是为臣想要说的和苍生百姓所希望的好事。"群臣都高唱"万岁"。

经过一番君臣的缠斗和心思算计之后，北魏最终定都洛阳。

迁都洛阳后，拓跋宏延续文明太后时期的政治态势，继续推行了一系列的汉化改革：

第一，仿效汉族官制改革。

拓跋宏重用来自南方的世族王肃，参考魏晋南朝制度，对北魏的官制、军号进行改革，使北魏政权组织进一步汉化。在任用官吏方面，能够做到选贤举能，重视汉族人才，凡有才能，不论门第、出身、民族，都可以得到重用。

第二，仿效汉族定姓命氏。

鲜卑各部族姓氏多为复姓，如拓跋、独孤、步六孤等，与汉族单姓有别。为了消除这一差别，拓跋宏诏令鲜卑的118个姓氏统统改为汉姓。拓跋宏以自己祖先源出黄帝，居五行之土德，土者吐也，吐生万物者也，为万物之元，所以在北魏太和二十年（496），诏令改拓跋姓为元姓。在其带动下，拓跋鲜卑部族一一改为汉族姓氏：丘穆陵氏改姓穆氏，步六孤氏改姓陆氏，贺赖氏改姓贺氏，独孤氏改姓刘氏，贺楼氏改姓楼氏，勿忸于氏改姓于氏，纥奚氏改姓嵇氏，尉迟氏改姓尉氏。

第三，仿效汉族衣汉服。

鲜卑民族的服装，短袄、窄袖、斜领、长裙，具有非常明显的民族特色。为缩小民族差距，促进民族融合，在迁都洛阳后，拓跋宏下令着汉服。

第四，仿效汉族，定汉语为国语。

鲜卑族进入中原地区后，鲜卑语与汉语经常混用不分。拓跋宏定都洛阳后，一心想做中国皇帝。他审时度势，认为两种民族语言的混用，不利于他的统治，也不利于民族的统一，于是他在北魏太和十九年(495)诏令全国："不得以北俗之语，言于朝廷，若有违者，免所居官。"(《魏书·高祖纪》)

第五，与汉族通婚。

拓跋宏推动鲜卑族与汉族通婚，他以身作则，率先娶大臣汉官李冲之女为夫人，娶卢、崔、郑、王四家汉族大姓的女儿为妃，又为自己的五个弟弟娶汉族大姓为妻，他的女儿也嫁给了汉族的大姓地主。在他的带动下，鲜卑贵族也纷纷与汉族通婚。

第六，仿效汉族，建立门阀制度。

拓跋宏还设法使皇族和鲜卑贵族与汉族地主，按照门第等级的高低，实行对等联姻，并以此为荣。他把鲜卑贵族、汉族士族按门第高低分为甲乙丙丁四等。鲜卑以穆、陆、贺、刘、楼、于、嵇、尉八姓为高，定为国姓，与汉族的崔、卢、李、郑四姓相当。其余贵族亦各有门第等级，并按照门第来确定官职的高低。

在推行汉化改革的过程中，拓跋宏遇到了强大的阻力。面对阻力，拓跋宏以铁血手腕平息了不和谐的声音，堵塞了悠悠众口。

先是，穆泰是北魏先代功臣穆崇的子孙，娶章武长公主，被任命为驸马都尉，他掌管羽猎四曹事务。后来他担任尚书右仆射、冯翊侯，外任定州刺史。位高权重，极受恩宠。这种恩宠不是没有来由的，当初文明太后把孝文帝囚禁在另外的房舍中，将谋图废黜，经过穆泰的极力劝阻方才作罢。孝文帝因此感激他，所以宠信厚待隆重备至。穆泰自己陈述长久患病，乞求担任恒州刺史，孝文帝便答应了他，对之百般照顾。

但是，当孝文帝迁都之时，穆泰不愿意迁移都城，暗中谋反，便和定州刺史陆叡以及安乐侯元隆等人，谋划推举朔州刺史阳平王元颐为君主。元颐假装答应来稳住他们，秘密向拓跋宏上报这件事。孝文帝于是派任城王元澄率领并州、肆州的军队去讨伐他们。元澄先派遣治书侍御史李焕单人乘车进入代京，出其不意，穆泰等人惊讶诧异，不知如何是好。李焕晓谕作乱的人，向他们分析祸福，于是穆泰的党羽离心离德，没有人为穆泰所用。穆泰自己估计必定失败，就率领手下的几百人攻打李焕的城门，希望能取胜。攻打不下，便单人匹马跑出城西，被人擒获。不久，便被处死。

不仅北魏的功臣勋贵反对迁都，就连孝文帝的太子也对迁都洛阳极为不满。

孝文帝的太子元恂不喜欢读书学习，体形高大肥壮，很不习惯黄河洛阳地区的炎热气候，常常思念北方。中庶子高道悦多次苦言相劝，元恂对他深怀怨恨。公元496年，孝文帝巡行嵩山，元恂留守金墉城，在西掖门内与左右侍从密谋，打算征调牧马轻骑返回平城，于是亲手在宫中杀死了高道悦。孝文帝闻知，大为震愤。孝文帝对元恂重责，元恂被打得躺了一个多月才能起床，囚禁于城西别馆。孝文帝意识到元恂一事的严重性，认为不对其予以严厉惩处，不足以平息内部对迁都洛阳的怨声。更为重要的是，如果日后元恂继位，恐怕会全盘推倒自己改革的措施，转而徙居北魏故都。其后，孝文帝前往故都平城，路过长安时，中尉李彪趁机密报孝文帝，告发元恂密谋反叛。于是，孝文帝不顾重臣劝阻，在长安命中书侍郎邢峦与咸阳王元禧，带着诏书和毒酒前往河阳，赐元恂自尽。元恂死时才15岁，尸体仅用平常的衣服和粗木棺材收殓，就葬在河阳城。

诛杀穆泰和鸩毙太子两事，一时间震慑朝野，稳定了洛阳的局势，巩固了孝文帝汉化改革的成果。

（三）北魏王朝的分裂

公元499年，南齐皇帝萧宝卷遣太尉陈显达攻入荆州。同年三月，孝文帝亲征，病死在南征途中。在临死之前，孝文帝赐死皇后冯氏，其次子年仅10岁的拓跋恪即皇帝位，史称宣武帝。拓跋恪在位的16年，是北魏王朝平稳发展的时期。拓跋恪在位期间，粉碎了咸阳王拓跋禧的叛乱，捍卫了皇权。同时，他延续了拓跋宏的各项改革措施，没有倒退走上回头路，维护了改革成果。另外，他继承了拓跋宏统一天下的遗志，攻占了南朝巴蜀的一些地区，但对南朝中心地带江浙在军事上并无进展。

公元515年，北魏宣武帝拓跋恪死，其子拓跋诩即皇帝位，史称北魏孝明帝。登基的孝明帝年仅6岁，因此只好由他的母亲灵太后胡充华临朝听政。

因为同样是以皇太后身份临朝听政，所以胡充华每每以前朝文明太后自比。当然，前者在国政治理方面虽然远不如后者，但在淫乱方面却有过之而无不及。

《魏书》记载:

> 时太后得志,逼幸清河王怿,淫乱肆情,为天下所恶。
>
> 郑俨污乱宫掖,势倾海内;李神轨、徐纥并见亲侍。一二年中,位总禁要,手握王爵,轻重在心,宣淫于朝,为四方之所厌秽。

为行淫乱,胡充华施展威权,采取"逼幸"的形式迫使大臣就范。北魏宗室清河王元怿,因为容貌俊美,被胡充华纳入男宠之列。郑俨、李神轨、徐纥并因形容壮丽,而为胡充华所亲幸。胡充华的男宠们一个个飞黄腾达,与其宣淫于朝,为天下所厌恶。

又《梁书》《南史》记载:

> 杨华,武都仇池人也。父大眼,为魏名将。华少有勇力,容貌雄伟,魏胡太后逼通之,华惧及祸,乃率其部曲来降。胡太后追思之不能已,为作《杨白华歌辞》,使宫人昼夜连臂蹋足歌之,辞甚凄惋焉。(《梁书·杨华传》)
>
> 时复有杨华者,能作惊军骑,亦一时妙捷,帝深赏之。华本名白花,武都仇池人。父大眼为魏名将。华少有勇力,容貌瑰伟,魏胡太后逼幸之。华惧祸,及大眼死,拥部曲,载父尸,改名华,来降。胡太后追思不已,为作《杨白华歌辞》,使宫人昼夜连臂蹋蹄歌之,声甚凄断。(《南史·杨华传》)

结合《梁书》和《南史》的记载，我们大致可以知道如下这样一段秘史：武都人杨白花容貌雄伟，少有勇力，其父为北魏名将。胡充华见杨白花轩朗不凡，便重施旧日故技"逼通之"。在胡充华的淫威下，杨白花不得不做了她的情人。后来，杨白花在其父死后，载着父亲的尸体，率领部曲逃亡南朝，改名为杨华。

胡充华思念远走的杨华，追思不已，为之作了一首《杨白花歌辞》，《乐府诗集》载其辞曰：

> 阳春二三月，杨柳齐作花。
> 春风一夜入闺闼，杨花飘荡落南家。
> 含情出户脚无力，拾得杨花泪沾臆。
> 秋去春还双燕子，愿衔杨花入窠里。[1]

史书载，胡充华命宫人昼夜载歌载舞演唱《杨白花歌辞》，声音凄凉，公然思念情人，全无皇家尊严和体统。

胡充华的淫乱之行，不仅为朝臣所不齿，而且即便是其侄子僧敬都不堪忍受，他聚集亲族，涕泣上谏说："陛下母仪海内，岂宜轻脱如此！"胡充华闻言大怒，自此不再召见僧敬。

为了防止泄露宫廷内部丑闻，避免引起孝明帝和王室成员的不满，胡氏一面自己拉帮结派，扶植亲信，一面把接近孝明帝的人，一个个加以谋害。有个蜜多道人，就是因为时常跟随在孝明帝身边而被杀死在城南大巷中。杀蜜多道人的凶手尚未捕获，孝明

---

[1]〔宋〕郭茂倩编：《乐府诗集·杨白花》，中华书局1979年版，第1040页。

帝的亲信鸿胪少卿谷会和绍达又被杀死在宫廷里。胡氏男宠郑俨担心难逃孝明帝的惩罚，与胡氏商定，孝明帝的妃嫔潘充华本来生了个女孩，却说是生了个男孩，并大肆张扬，大赦改元。不久，孝明帝便突然死去了，当时的舆论都认为他是被郑俨、徐纥等人串通胡氏谋害死的。在朝野一片愤慨声中，胡氏声言让潘充华生的"男孩"即帝位，几天后又不得不宣布实情，说潘充华生的其实是女孩，必须另行选择嗣君。结果，立了个年仅三岁的元钊（临洮王之子）。这种把立君主等同儿戏的做法，使天下人无不愕然。

胡充华治理下的北魏，崇尚奢侈，贪污腐败成风。《魏书》载：

> 后幸左藏，王公、嫔、主已下从者百余人，皆令任力负布绢，即以赐之，多者过二百匹，少者百余匹。唯长乐公主手持绢二十匹而出，示不异众而无劳也。世称其廉。仪同、陈留公李崇，章武王融并以所负过多，颠仆于地，崇乃伤腰，融至损脚。时人为之语曰："陈留、章武，伤腰折股。贪人败类，秽我明主。"（《魏书·宣武灵皇后传》）

胡充华一次亲临国库（左藏，古代国库之一，以其在左方，故称左藏），陪同前往的王公、妃嫔共计有百余人。胡充华为了表示富有四海，让随行人等任意拿取布绢。陈留公李崇、章武王融因贪得无厌，负重过多，摔倒在地，一个伤了腰，一个伤了脚，丑态毕露。当时的人们，创作了歌谣讽刺二者的贪婪，由此亦可见胡充华时代的政治风气。

胡充华统治下的北魏，吏治败坏，卖官鬻爵成风，搜刮民脂民膏无度。

《魏书》记载当时的吏部尚书拓跋晖：

> 纳货用官，皆有定价，大郡二千匹，次郡一千匹，下郡五百匹，其余官职各有差，天下号曰"市曹"。出为冀州刺史，下州之日，连车载物，发信都，至汤阴间，首尾相继，道路不断。其车少脂角，即于道上所逢之牛，生截取角以充其用。晖检括丁户，听其归首，出调绢五万匹。然聚敛无极，百姓患之。（《魏书·昭成子孙列传》）

吏部尚书拓跋晖将官员的升迁当成了生意来做，按人所纳钱财多少来分配官职。大郡的主官用绢2000匹，小郡的主官1000匹，最小的郡的主官也卖到500匹。根据官职的大小不同，依次皆有等差，人们赠给他一个绰号"市曹"（商业区）。等到他改职冀州刺史之时，所携财物以车装载，自信都至汤阴之间，车队首尾相连，络绎不绝。在行进的途中，由于缺少盛车轮油的角（脂角），就将在路上遇到的农家田牛的角活生生地取下来以供使用。唐代张籍反映民生疾苦的新乐府诗《牧童词》"牛牛食草莫相触，官家截尔头上角"，典故即源于此。非但如此，拓跋晖在任上核检人口，准许犯罪人员自首，缴纳调绢五万匹。由于聚敛无度，百姓都非常憎恶他。

而齐州刺史元诞：

> 在州贪暴，大为人患，牛马骡驴，无不逼夺。家之奴隶，悉

迫取良人为妇。有沙门为诞采药，还而见之，诞曰："师从外来，
有何消息？"对曰："唯闻王贪，愿王早代。"诞曰："齐州七万户，
吾至来，一家未得三十钱，何得言贪？"（《魏书·阳平王传》）

元诞在齐州之时，对牛马驴骡无不逼迫夺取。家中恶奴仰仗元诞
权势，强娶良家女子。有一个替元诞采药的和尚自外归来，元诞问
他说："尊师从外面回来，听到了什么消息？"和尚回答说："我只
听到百姓说你很贪婪，希望您早日被取代。"元诞大为不平，说：
"齐州有七万户人家，自我到此，每家所取还不超过三十钱，怎么
能说是贪婪呢？"

在胡充华临朝听政期间，上层建筑、吏治风化即将腐朽坍塌。
同时，更兼水旱连年，地震、瘟疫不断，到处发生农民起义，北魏
已是天怒人怨，到了濒临崩溃的边缘。但真正让北魏走向灭亡的，
却是远离北魏统治中心地带的塞上"六镇之乱"。

北魏道武帝拓跋珪时，于都城平城以北边境置六个军镇，自东
而西为沃野、怀朔、武川、抚冥、柔玄、怀荒。主要目的是防御来自
北方的侵扰，拱卫京都。天兴元年（398），道武帝建都平城。当时
在蒙古草原上，有强大的游牧民族——柔然。北魏大军南下作战
时，后方屡遭柔然骑兵入境侵袭，并严重威胁到京都安全。因此，
道武帝时期"以移防为重""拥麾作镇"，六镇初具规模，当时统称
"北镇"，有的镇还没有固定治所。

太平真君七年（446）六月，太武帝拓跋焘调发司、幽、定、冀
四州十万人，大规模修建边防工程，东起上谷（今北京延庆）、西到
今山西河曲一带。太和十八年（494）七月，孝文帝巡视怀朔、武川、

抚冥、柔玄，诏谕六镇及御夷城人，年满八十以上而无子孙者，终身给其廪粟。凡七十以上家贫者，赐粟十斛。"六镇"之称自此始见于记载。"六镇"均为交通要道，地理方位大致是：

沃野镇，始置于汉沃野故城，太和十年（486）迁至朔方故城，正始元年（504）又迁至乌加河（今内蒙古临河西南）；

怀朔镇，在今内蒙古固原西，正光四年（523）改置为朔州；

武川镇，在今内蒙古武川西，旧名黑城，后改为武川。武泰元年（528）改镇为郡，更名神武郡，属朔州；

抚冥镇，在今内蒙古乌兰花镇西南土城子村；

柔玄镇，在今内蒙古兴和县西北；

怀荒镇，在今河北省张北县。

此外，在六镇东面，尚有御夷镇，原为御夷城，后置镇，在今河北赤城西北，武泰元年（528）改镇为州。

北魏前期、中期，对六镇极为重视。每镇都设有镇都大将及属僚，统兵备御。镇将人选或是拓跋宗王，或是鲜卑贵族，即使戍防士兵也皆拓跋氏族、中原强宗。但是随着太武帝拓跋焘击破柔然，原来为防范柔然而设立的六镇失去了原有的防卫功能。孝文帝迁都洛阳后，留在北边的鲜卑贵族政治身份和经济地位日趋下降，前往六镇的不再是贵胄子弟，而是一群群发配边疆的犯人，一些照顾性的政策也逐渐取消，六镇官兵逐渐成为朝廷的弃儿。公元523年，柔然发生严重旱灾，首领阿那瑰向北魏求援未得到满足，于是率军三十万攻入怀荒等镇，掳走北魏军民两千余人，牲畜数十万头。六镇居民遭此劫掠，生计为难，于是请求边镇将帅开仓放粮，但被边帅拒绝。愤怒的居民杀死边将。同年四月，匈奴人破六韩拔陵在沃野镇发动起义，称"真王"，得到边镇居民的响应。

破六韩拔陵的起义后来被镇压下去。但就在镇压起义的过程中，却诞生了两个军事强权人物，一个是汉族出身的军事首领高欢，另一个是鲜卑宇文部的宇文泰。这两个握有军权的人在北魏王朝后期的内乱中，一天天强大起来，最终在公元534年，把统一的北魏王朝一分为二。高欢拥立年仅十一岁的拓跋善见为帝，建立了东魏，建都邺城；宇文泰则拥立魏孝武帝入关，在长安建立西魏。

东魏与西魏建立的过程异常曲折，充满了权诈和阴谋。还是在公元528年时，孝明帝驾崩，灵太后胡充华诡称皇后生太子的阴谋败露，改立三岁的元钊（拓跋钊）。北魏边塞大都督、契胡人的首领尔朱荣知道了此事。他对部将元天穆说："咱们刚死掉的皇帝，已经十九岁了，天下还说他是幼帝。现在立一个还不会说话的小孩子当皇帝，这不是开玩笑吗？我准备率骑兵进京为先帝发丧，铲除奸佞，另立新君，你看怎么样？"元天穆鼓励他说："如果真的如此，那你就是伊尹、霍光一样的人物。"后来，尔朱荣进军洛阳，在汤阴将北魏满朝文武一千三百余人召集到汤阴全部杀掉，同时将胡充华和其所立的元钊沉入黄河淹死，改立拓跋子攸为帝，是为孝庄帝。

公元530年，拓跋子攸不甘心被尔朱荣摆布，设计杀死尔朱荣及其僚属，由此引发了尔朱氏的反抗。同年十二月，尔朱世隆杀孝庄帝，立拓跋恭为帝，史称前废帝。当尔朱世隆立拓跋恭为帝时，高欢在信都立拓跋朗为帝。公元531年，高欢大败尔朱氏，活捉拓跋恭并将其杀死。不久，高欢又杀拓跋朗。公元532年，高欢控制了北魏朝政大权，立拓跋修为帝，史称孝武帝。

这时，宇文泰和高欢之间，斗争日益激烈，公元534年七月，宇文泰迫使魏孝武帝西走长安。同年十二月，杀拓跋修，立拓跋宝矩为帝，建立西魏。高欢见宇文泰窃走拓跋修，于是立年仅十一岁的拓跋善见为帝，建立东魏。

第三节　宇文鲜卑

引子　宇文鲜卑的来源与迁徙

宇文鲜卑曾建北周政权，《周书》中宇文鲜卑追溯其祖源和名称来源时说：

> 其先出自炎帝神农氏，为黄帝所灭，子孙遁居朔野。有葛乌菟者，雄武多算略，鲜卑慕之，奉以为主，遂总十二部落，世为大人。其后曰普回，因狩得玉玺三纽，有文曰皇帝玺，普回心异之，以为天授。其俗谓天曰宇，谓君曰文，因号宇文国，并以为氏焉。（《周书·文帝纪上》）

按《周书》的记载，宇文鲜卑先祖出自炎帝神农氏，后被黄帝所灭，遁居于北方朔野。这里的"朔野"，与慕容鲜卑所出的"紫蒙之野"和拓跋鲜卑所出的"北土"，本质上都是同一地域。宇文鲜卑中第一个著名的首领，名叫葛乌菟，"世为大人"，这与拓跋鲜卑祖先"世为君长"的记载也无不同，无非是说葛乌菟成为宇文鲜卑的首领而已。慕容、拓跋、宇文三部鲜卑在追溯祖源时，其历史叙事如出一辙。这也就暗示着，三者其实同出一源。

葛乌菟的后裔名叫普回，得"玉玺三纽"，其上有"皇帝玺"字样，以为天意所授。另外，宇文鲜卑称天曰"宇"，称君曰"文"，天意所授之皇帝即"宇文"，所以自号曰"宇文"。

普回的后裔名叫莫那。《周书》记载说：

> 普回子莫那，自阴山南徙，始居辽西，是曰献侯，为魏舅生之国。（《周书·文帝纪上》）

吕思勉以为，莫那其实就是《魏书》《北史》中记载的宇文莫槐。

> 匈奴宇文莫槐，出于辽东塞外，其先南单于远属也，世为东部大人。其语与鲜卑颇异。人皆剪发而留其顶上，以为首饰，长过数寸则截短之。妇女披长襦及足，而无裳焉。秋收乌头为毒药，以射禽兽。（《魏书·匈奴宇文莫槐传》）

吕思勉说："《周书》谓莫那自阴山南徙，《魏书》谓莫槐出辽东塞外，似即一人。……《晋书》以宇文莫槐为鲜卑；《魏书》谓南单于之远属；又谓其语与鲜卑颇异，疑宇文为匈奴，鲜卑杂种，语亦杂匈奴也。"①根据《魏书》《北史》的记载,宇文莫槐先祖为南匈奴,"出于辽东塞外""世为东部大人",与《后汉书》《三国志》中檀石槐部落联盟之"东部"吻合,王仲荦遂认为:"东部大人槐头,就是宇文部大人的祖先莫槐。"②

由此可以断定,史书中的莫那即莫槐(宇文莫槐)、槐头,是檀石槐部落联盟时期的东部大人之一,宇文鲜卑其实是匈奴与鲜卑民族杂处时期而诞生的新民族,是鲜卑化的匈奴人。

关于宇文鲜卑的迁徙路线,从史书的记载来看,应当为朔野(大鲜卑山)→蒙古草原→阴山→辽东。其路线并不如《周书》所说的"南徙"那样简单,而是应当先至阴山,而后东进至辽东,后至于辽西,过程极为曲折,只不过由于史书写法简略的缘故,径称"南徙"罢了。

宇文莫槐(莫那、槐头)生性残暴,凌虐众人,后为部下所杀,继任者是其弟普拔。普拔死后,其子丘不勤成为宇文鲜卑的首领,丘不勤娶拓跋鲜卑平文帝的女儿为妻:

> 普拔死,子丘不勤立,尚平帝女。(《北史·匈奴宇文莫槐传》)

由此,宇文鲜卑与拓跋鲜卑建立了姻亲。

丘不勤以后,宇文鲜卑继任者依次为:宇文莫廆、宇文逊昵

---

①吕思勉:《中国民族史》,吉林出版集团股份有限公司2016年版,第83页。
②王仲荦:《魏晋南北朝史》,上海人民出版社1979年版,第196页。

延、宇文乞得龟。

公元302年，宇文莫廆派其弟宇文屈云进攻慕容廆，被慕容廆打败。

宇文逊昵延继位后，也曾大举进犯慕容廆所在的棘城，被慕容廆的庶长子慕容翰打得大败，"逊昵延单马奔还，悉俘其众"（《北史·匈奴宇文莫槐传》）。经此大败后，宇文鲜卑再也不提自己祖先曾经"狩得玉玺三纽"的天降祥瑞之事，转而卑躬屈膝，向北魏求援：

> 及此败也，乃卑辞厚币，遣使朝贡于昭帝，帝嘉之，以女妻焉。（《北史·匈奴宇文莫槐传》）

北魏昭帝拓跋禄官接纳了仓皇出逃的逊昵延，将自己的女儿嫁给他。宇文鲜卑与拓跋鲜卑再次联姻，以求获得拓跋鲜卑的支持。

逊昵延死后，宇文乞得龟继位。北魏惠帝拓跋贺傉三年（325），宇文乞得龟再次进攻慕容廆，又被打得大败，"单骑夜奔"。慕容廆"悉虏其众，乘胜长驱，入其国城，收资财亿计，徙部民数万户以归"（《北史·匈奴宇文莫槐传》）。宇文部的残余部众被慕容廆迁徙至慕容部都城棘城一带，处于严密的监控之下。至此，宇文鲜卑与慕容鲜卑已经是三代世仇，与拓跋鲜卑已经是两代姻亲。

其后，宇文乞得龟被宇文部族首领之一的逸豆归（侯豆归）所杀。逸豆归为复族仇，曾经与慕容皝互相攻击，最后为慕容皝所败。逸豆归远遁漠北，后奔高丽。慕容皝将其部族迁徙至昌黎，自此宇文鲜卑部众散落，一蹶不振。

对逸豆归以后的宇文鲜卑历史，《周书·文帝纪》记载说：

> 九世至侯豆归，为慕容晃所灭。其子陵仕燕，拜驸马都尉，封玄菟公。魏道武将攻中山，陵从慕容宝御之。宝败，陵率甲骑五百归魏，拜都牧主，赐爵安定侯。天兴初，徙豪杰于代都，陵随例迁武川焉。

逸豆归死后，其子宇文陵仕北燕，拜驸马都尉，封玄菟公。魏道武帝拓跋珪攻取中山，宇文陵跟从慕容宝抵御。慕容宝兵败，宇文陵率族众五百人降魏，魏道武帝拓跋珪拜宇文陵为都牧主，赐爵安定侯。北魏天兴初，魏道武帝迁宇文部于怀朔六镇之一的武川镇。

宇文陵之子名系，系子名韬，并以武略著称。韬子名肱，《周书》说他"任侠有气干"。北魏正光末（524），怀朔六镇之一的沃野镇民破六韩拔陵据沃野起义，起义军的大将卫可孤攻下武川镇，不久武川镇中下级军官贺拔度拔、贺拔岳父子和宇文肱、念贤等叛变，袭杀卫可孤，投降政府。那时，北魏政府曾向柔然人方面借兵来消灭六镇起义军，破六韩拔陵本人战死，起义失败。

柔然人攻下六镇之后，北魏前后招降破六韩拔陵的起义军二十万人。由于柔然人的大肆劫掠与破坏，使得六镇饥荒严重。因此，北魏政府只得迁徙二十万降兵去冀、定、瀛三州就食，宇文肱全家也在被移之列。

冀、定、瀛三州所在的河北地区，根本无法容纳二十万人口

"就食"，百姓自己生存尚有问题，于是社会矛盾空前激化。因此，破六韩拔陵失败之后，各地起义的烽火并没有熄灭。宇文肱到了河北博陵郡之后，就参加了以怀朔镇兵鲜于修礼为首的起义队伍。起义军的总部在定州左人城，宇文肱率领全家从博陵前往左人城，走到唐河北面，为政府军所败，宇文肱和他的长子、次子都在这次战役中阵亡。

一、宇文泰与西魏政权

（一）宇文泰崛起

宇文肱的小儿子宇文泰，字黑獭。宇文泰"少有大度，不事家人生业，轻财好施，以交结贤士大夫"（《周书·文帝纪上》）。年少时，宇文泰曾随其父宇文肱在鲜于修礼军中。

后葛荣杀鲜于修礼，任宇文泰为将军。

其后，契胡人大都督尔朱荣进军洛阳，杀害北魏灵太后胡春华及一千三百余名大臣，制造了"河阴之变"，立拓跋攸为北魏新帝。"河阴之变"后，尔朱荣随即挥军北上，镇压葛荣的起义。公元528年七月，葛荣起义军因内部分裂、指挥失误被尔朱荣的七千骑兵打败，尔朱荣将葛荣押赴洛阳处死，平定了河北地区，宇文泰在此时随尔朱荣迁入晋阳。

尔朱荣认为宇文泰兄弟雄杰，惧怕他们会有异心。于是，假造罪名杀害了宇文泰的兄长宇文洛生，又欲杀宇文泰。宇文泰自陈冤情，辞义慷慨，尔朱荣为之感动，免其罪，对之更加敬重。

尔朱荣手下有两位重要的猛将谋臣，一是原北魏名将贺拔岳，二是原怀朔镇的豪强高欢。贺拔岳是尔朱荣军中倾向北魏朝廷的保皇派，高欢是主张尔朱荣篡位谋权的造反派，二人不睦。其后，尔朱荣被孝庄帝杀死，其弟尔朱兆成为了尔朱氏的首领。

公元528年七月，葛荣起义被镇压，六镇降兵无法统御，于是尔朱兆派遣高欢前往。自此后，高欢以六镇降兵为基础，反抗尔朱氏崛起于河北。公元531年，高欢率六镇余众在信都起兵，反抗尔朱氏，得到了山东百姓和河北地主的支持。公元532年年初，高欢与尔朱氏在韩陵山决战，打败号称二十万的尔朱氏联军，进入洛阳，另立元修为帝，即孝武帝。

太昌元年（532），贺拔岳为关西大行台，宇文泰为左丞，行台府司马，加散骑常侍。宇文泰深谋远略，深受贺拔岳赏识，他在分析北魏末年的政治军事形势后，多次劝贺拔岳拥兵自立。贺拔岳多次派他到洛阳打探高欢的消息，见魏孝武帝，分析形势，陈述利害，受到魏孝武帝的赏识，被封为武卫将军。在洛阳羁留之时，高欢以宇文泰非常人，欲留之。宇文泰觉察，狡言逃脱。归来见到贺拔岳后，力劝贺拔岳"西辑氐羌，北抚沙塞，还军长安，匡辅魏室"，效齐桓晋文故事。贺拔岳大喜，复遣宇文泰谒见孝文帝。

但是，贺拔岳未及实行勤王抗衡高欢之举，便遭不测。永熙三年（534），贺拔岳在扩大地盘时被部下侯莫陈悦诱杀。于是，宇文泰被推举为三军之主，统领贺拔岳所有人马，成为一方军事重镇。

当时，高欢专权，魏孝武帝深为不安，于是下诏书征宇文泰入洛阳以抗衡高欢。然而，宇文泰认为自己势单力薄，不是高欢的对手。于是，他以为贺拔岳报仇和巩辅王室为名，向侯莫陈悦进攻，并且很快就打败了侯莫陈悦，擒而斩之，尽有关陇之地，实力大增。

魏孝武帝派使臣慰劳宇文泰，并拜其为侍中骠骑大将军、开府仪同三司、关西大都督、略阳公，承制封拜，使持节。不久，又进宇文泰兼尚书仆射、关西大行台。

（二）西魏的建立

高欢觉察到宇文泰将成为自己的竞争对手，因此，在宇文泰斩杀侯莫陈悦后，便派人前去拉拢。然而，宇文泰此时已今非昔比，具备了与高欢一决高下的能力。于是，宇文泰拒绝接纳高欢派来祝贺的使臣，并打出清君侧的旗号，传檄全国，起兵讨伐高欢及其党羽。高欢闻讯，立即率军直指洛阳。魏孝武帝不得已从京师出逃，奔向宇文泰军营，把朝中大权和自己的命运都交给了宇文泰。为了避开高欢的军锋，宇文泰决定迁都长安。

公元534年，魏孝武帝随宇文泰到了长安，同年十月，高欢立拓跋善见为帝，建都邺城。孝武帝入关后不久，与宇文泰发生裂痕。同年十二月，魏孝武帝被宇文泰毒死，宇文泰立拓跋宝矩为帝，史称西魏。

拓跋宝矩成为傀儡皇帝后，让宇文泰都督中外诸军事，拜大行台，封安定郡公。宇文泰控制西魏政权后，针对北魏末年战争频繁、民生凋敝的状况，立即着手对西魏的政治进行改革，制定了减轻人民负担的二十四条，使人民得以休养生息。

同时，针对北魏末年政治腐败的现实，大统七年（541）九月，宇文泰颁行了由苏绰起草的六条政令：

其一，先治心。

对当时的"方伯守令"，政令说："治民之体，先当治心。心者，一身之主，百行之本。心不清净，则思虑妄生。思虑妄生，则见理不明。见理不明，则是非谬乱。是非谬乱，则一身不能自治，安能治民也！是以治民之要，在清心而已。夫所谓清心者，非不贪货财之谓也，乃欲使心气清和，志意端静"（《周书·苏绰传》）。这实际上是以儒家《大学》为治国理政的核心内容，"治心"不过是诚意、正心的另一种说法。

对当时的君王，要求君主"治身"，"故为人君者，必心如清水，形如白玉。躬行仁义，躬行孝悌，躬行忠信，躬行礼让，躬行廉平，躬行俭约，然后继之以无倦，加之以明察。行此八者，以训其民"《周书·苏绰传》）。

其二，敦教化。

所谓敦教化，就是深入推行道德文化教育，培养人民淳朴的品德。"教之以孝悌，使民慈爱；教之以仁顺，使民和睦；教之以礼义，使民敬让。慈爱则不遗其亲，和睦则无怨于人，敬让则不竞于物。三者既备，则王道成矣。此之谓教也。"

其三，尽地利。

此项内容，着重于课劝农桑，不违农时，发展生产。"夫百亩之田，必春耕之，夏种之，秋收之，然后冬食之。此三时者，农之要也。……三农之隙，及阴雨之暇，又当教民种桑、植果，艺其菜蔬，修其园圃，畜育鸡豚，以备生生之资，以供养老之具"《周书·苏绰传》）。这些内容，很显然又带有典型的孟子"不违农时""使养生丧死无憾"的意味。

其四，擢贤良。

此项政令，主要讲选贤举能，不拘门第出身，注重操行，德才兼顾，挖掘人才，任用人才，在实践中锻炼考察人才。同时精简机构，罢黜冗员。诏书说："今之选举者，当不限资荫，唯在得人。……然善官人者必先省其官。官省，则善人易充，善人易充，则事无不理；官烦，则必杂不善之人，杂不善之人，则政必有得失。……案今吏员，其数不少，……诸如此辈，悉宜罢黜，无得习常。……凡求贤之路，自非一途。然所以得之审者，必由任而试之，考而察之"《周书·苏绰传》）。

其五，恤狱讼。

强调为官者应当细核案情，推究原委，依法办案，应当明德慎罚，不得滥施淫刑。"赏罚得中，则恶止而善劝；赏罚不中，则民无所措手足。……夫戒慎者，欲使治狱之官，精心悉意，推究事源。……又当深思远大，念存德教"《周书·苏绰传》）。其刑狱"五听三宥"之法，远承《尚书·舜典》的"眚灾肆赦，怙终贼刑"儒家理想法治观念。

其六，均赋役。

此条政令，着意于均平赋税，不可舍豪强而征贫弱，以增加政府财政收入，示民以仁德之政。"圣人之大宝曰位。何以守位曰仁，何以聚人曰财。明先王必以财聚人，以仁守位。……夫平均者，不舍豪强而征贫弱，不纵奸巧而困愚拙，此之谓均也"《周书·苏绰传》）。

六条诏书的颁行，结合施行的一系列具体措施，使西魏的社会风气为之一变，纠正了自西晋尤其是北魏后期存在的浮华之风。

经此变革，西魏由弱变强，在此后与高欢的屡次军事对峙中，始终立于不败之地。大统十二年（546），西魏与东魏战于玉璧，消灭东魏七万余人。

大统十四年（548），拓跋宝矩拜宇文泰为太师。大统十六年（550），东魏为高洋（高欢子）取而代之，建立北齐，宇文泰父子因之萌生取代西魏之心。大统十七年（551），拓跋宝矩死，宇文泰立年仅七岁的太子拓跋钦为帝。正当身居宰辅之位的宇文泰收复边蜀之地时，尚书拓跋烈串通拓跋钦，谋夺宇文泰兵权。事情泄露后，宇文泰诛杀拓跋烈，废拓跋钦，改立齐王拓跋廓为帝，史称恭帝。

二、北周的建立与北方的统一

（一）权臣宇文护与北周二帝

西魏恭帝三年（556）四月，宇文泰到北方视察，九月在归途得了重病。临终之前，命侄儿宇文护来到身边，对他说："吾形容若此，必是不济。诸子幼小，寇贼未宁，天下之事，属之于汝，宜勉力以成吾志"《周书·晋荡公护传》）。宇文护涕泣奉命。不久，宇文泰病死于云阳，年仅五十岁。同年十二月，宇文护逼迫拓跋廓让位于宇文觉，次年（557）正月，宇文觉即位称帝，建立北周，史称孝闵帝。拓跋廓被封为宋公，一个月后被杀，谥号"恭帝"。至此，建国171年的拓跋北魏王朝宣告终结，一个崭新的王朝登上了历史的舞台。

宇文觉登位后，拜宇文护为大司马，封晋国公，邑万户。北周的军政大权，全部操纵于宇文护手中，这引起了宇文觉的不满。大臣李植、孙恒密告孝闵帝"护不守臣节，宜图之"，孝闵帝深以为然。宇文护在知道孝闵帝君臣的密谋后，先后将李植、孙恒外放到冀州和潼州，希求断绝孝闵帝与二人之间的联系。但是，孝闵帝后来思念李植，几次想召回他。宇文护涕泣上谏，劝之以兄弟之亲、君臣之义，孝闵帝乃止。其后，孝闵帝仍旧忌惮宇文护，必欲除之而后快，再次纠集党羽，谋诛宇文护。事泄，其党羽兵败被执，孝闵帝被幽禁。

宇文护召集朝廷公卿到自己的府第，说孝闵帝"自即位已来，荒淫无度，昵近群小，疏忌骨肉，大臣重将，咸欲诛夷。若此谋遂行，社稷必致倾覆"（《北史·宇文护传》）。他对群臣建议说："今欲废昏立明，公等以为何如？"群臣一一表示赞同。

于是，宇文护随即诛杀李植、孙恒，此后又杀害了孝闵帝。

孝闵帝元年（557）九月，宇文护在废宇文觉之后，派人前往岐州迎宇文毓回长安，立为皇帝。

宇文毓是宇文泰的长子，小名统万突，生于永熙三年（534）。大统十四年（548），封宁都郡公。大统十六年（550），行华州事。不久，拜开府仪同三司、宜州诸军事、宜州刺史。魏恭帝三年（556），授大将军，镇陇右。孝闵帝登基后，进位为柱国，转岐州诸军事、岐州刺史。治有美政，黎民怀之。宇文毓是一个有主见有能力的君主，不甘心于被宇文护所左右。在其登基后的第二年（559），宇文护上表归政。但是，宇文毓聪颖的天资、高超的见识气量、非凡的君主才能，引起了宇文护深深的忌惮：

护上表归政，帝许之，军国大事尚委于护。帝性聪睿，有识量，护深惮之。（《北史·宇文护传》）

《周书》载宇文毓："礼貌功臣，敦睦九族，率由恭俭，崇尚文儒，亹亹焉其有君人之德者矣。"在力倡俭朴方面，他自言"禀生俭素，非能力行菲薄，每寝大布之被，服大帛之衣，凡是器用，皆无雕刻"（《周书·明帝纪》）。在文化建设方面，"博览群书，善属文，词彩温丽。及即位，集公卿已下有文学者八十余人于麟趾殿，刊校经史。又捃采众书，自羲、农以来，讫于魏末，叙为《世谱》，凡五百卷云"《周书·明帝纪》）。在位期间，宇文毓对内宽容，君臣关系相对融洽，对外他打退了吐谷浑的进攻，朝野声望日隆。

羽翼日益丰满的宇文毓，让宇文护感受到前所未有的威胁。即便当时宇文护已经做到"权臣专制，政出私门"，但他仍旧不放心这位雄心大志的皇帝。于是，在武成二年（560）四月，宇文护指使其亲信李安毒死宇文毓，宇文毓死时年仅二十七岁。对此，《周书·明帝纪》表达了无尽的惋惜："终乃鸩毒潜加，享年不永。惜哉！"

（二）武帝宇文邕与北方统一

宇文邕是北周的第三位皇帝，是宇文泰的第四子。《周书》称宇文邕"性沉深有远识"，他性情沉毅果敢，精明强干。公元560年，宇文邕即位。宇文邕登基以后，决定集中精力搞好内政，增强国力，消灭北齐，统一北方。

宇文护自宇文泰死后，一直大权在握，他自恃是皇兄和开国元勋，越来越飞扬跋扈。

> 自恃建立之功，久当权轴。凡所委任，皆非其人。兼诸子贪残，僚属纵逸，恃护威势，莫不蠹政害民。上下相蒙，曾无疑虑。（《周书·晋荡公护传》）

宇文邕因宇文护暴慢过甚，开始与卫王宇文直密谋除掉他。

公元572年三月十八日，宇文护从同州返回长安。武帝在文安殿与其见面之后，便准备带宇文护去见太后，并对他说："太后年纪已经很大，但非常喜欢饮酒，虽然我曾多次劝她戒酒，但她都不听。兄长今天去朝见太后，希望能再劝劝。"说罢，武帝从怀中取出周成王劝诫群臣不要酗酒的《尚书》名篇《酒诰》交给宇文护，让他"以此谏太后"。宇文护进入内宫，在见到太后以后，按照宇文邕所言，对着太后读起《酒诰》。宇文邕趁其不备，自后以玉珽击之，宇文护承受不住重击倒地。宇文护又命令宦官何泉用自己的佩刀砍杀宇文护，但何泉素日畏惧宇文护威势，竟不敢前。当时，卫王宇文直藏在太后宫内，此时突然出现，立斩宇文护。

除掉宇文护以后，宇文邕开始亲政。在其执政期间，他采取一系列改革措施：

在政治上，他几次下诏释放汉族奴婢，促进了当时生产关系的发展。

在军事上，打破西魏以来府兵完全由鲜卑人组成的限制，吸收汉人参加军队，不仅扩大了兵源，而且使鲜卑人与汉人在共同对敌的基础上逐渐走向民族融合。

在宗教上，当时关陇地区有佛教寺院万余所，僧侣百余万，成为社会寄生阶层，消耗了大量社会财富。公元574年，北周武帝下令将所有寺院土地与财富没收入官，勒令僧侣尼姑一律还俗，使北周朝廷财富大增，兵源日广，劳动人民的赋税负担也因而有所减轻。

通过改革，北周国力日益强盛。公元575年，宇文邕亲率大军东渡黄河，开始了统一中原的战争。公元577年，北周攻陷邺城，消灭北齐，统一黄河流域，把疆域扩展到了长江沿岸。

公元578年正月，突厥骚扰北周边境，武帝亲自率军征讨。多年的战争让武帝积劳成疾，在行军途中不幸病倒在云阳宫。六月，在返回长安的当天晚上离世，终年三十六岁。

三、北周王朝的灭亡

（一）宇文赟的荒淫

宇文赟是周武帝宇文邕的长子。

公元572年四月，宇文邕在诛除宇文护后，随即立其为太子。

公元578年六月，宇文邕病逝，宇文赟即位，是为周宣帝。

周宣帝是北周王朝著名的昏君。在《周书》本纪中，史官几乎用了一半的篇幅，来述说他的恶行，大加挞伐，不惜笔墨。除去桀、纣这样的暴君以外，这在历代史书中是罕见的。尤其重要的是，《周书》直接评点，毫不隐晦，其桩桩恶行，昭然于世。

宇文赟的恶行，似乎是其父宇文邕压抑过甚的结果。

当宇文赟还是东宫太子时，宇文邕对之管教异常严厉，在朝会之时，其所行礼节与诸朝臣无异，即便隆冬酷暑，也不得休息。很显然，宇文护刻意对之进行压抑，以使其谦卑自牧。宇文赟生性嗜酒，宇文邕遂让酒品酒具不得进入东宫。宇文赟每有过错，宇文邕动辄对之施以杖责，疾言厉色地对他说："自古以来，被废的太子不知道有多少人，难道我其他的儿子就不能立为储君吗？"宇文邕秘密派遣臣属记录宇文赟平时所行，每月奏报。宇文赟慑于宇文邕之威，矫情修饰，诸般过恶也得到收敛。

但是，宇文邕死后，宇文赟登上皇帝之位，再也没有人可以对其进行牵制了。于是，他原形毕露。嗣位之初，当宇文邕的葬礼还没有举行完毕的时候，即"阅视先帝宫人，逼为淫乱"。第二年，"便恣声乐，采择天下子女，以充后宫"。他见到大臣的妻子美貌，便邀之入朝饮酒，逼而淫之。大臣被逼谋反，他兴兵诛杀。诛杀之后，即刻立其妻为皇后。其不孝、不伦、不仁、不君，由此可见一斑。

宇文赟登位之后，下令重建洛阳城和洛阳宫，规模和豪华程度，远超汉、魏、晋和北魏。为了尽快修好洛阳宫，每天都有四万多人做苦役，一直到其死去。洛阳城和洛阳宫建好以后，他命令全体官员、后宫妃妾骑马前往参观，谁不能按时到达，就要受罚，致使多人病倒或送掉性命。宇文赟所居宫殿，帷帐皆饰以金玉珠宝，光华炫耀，极丽穷奢。

宇文赟游戏无恒，出入无节，出行时羽仪仗卫，场面宏大。他往往晨出夜还，陪侍之官不堪其命。散乐杂戏、鱼龙烂漫之伎，常在目前。他又令京城少年都穿上妇人的服饰，进入后宫歌舞，他与后宫嫔妃一同观看，以为喜乐。

宇文赟自比天帝，他的住所称为"天台"，对臣下自称为天，严禁别人使用天、高、上、大之类的称呼，凡有此类名字者，一律改换。如姓高者改为姓姜，高祖改称长祖。改"制诏"为"天制诏"，改"敕"为"天敕"。如果大臣去"天台"朝见，必须先吃斋三天，沐浴一天。

宇文赟摈斥近臣，生性吝啬，对朝臣从不赏赐。对于群臣的劝谏，他文过饰非，巧言善辩。他仿效当初其父对他的做法，秘密派遣宫人记录朝臣的一举一动，小有乖违，动辄杖责一百二十，名之曰"天杖"。后来又增其倍数，直至二百四十棍，他所宠幸的皇后、嫔妃和宫女，都不能幸免。他猜忌朝臣，隋公杨坚屡建功勋，声誉卓著，地位尊崇，便为其所忌。宇文赟传令召见杨坚，事先吩咐左右，如果杨坚神色慌张，即刻杀掉。不料杨坚镇定自若，丝毫无隙可乘，加上其同学、宇文赟的亲信郑译的疏解，宇文赟才消除疑虑，杨坚由是得免。

宇文赟带头败坏法制，以刑罚太重为名，废除了周武帝时期的《刑书要制》，又多次不问罪行轻重，将罪犯统统赦免释放。结果罪犯猖獗，社会大乱。为了显示威风，他另行制定了《刑经圣制》，比之被他废除的《刑书要制》更加苛刻。

公元580年五月初九，宇文赟深夜兴师动众，临幸天兴宫，不想偶感风寒，由是不治，终年二十二岁，一代昏君在位三年后终于暴毙。

（二）北周禅代

公元580年五月宇文赟死后，其八岁的儿子宇文阐即位，是为周静帝。宇文阐因为年纪过小，无法执政，北周众大臣联名推举杨坚以大丞相、都督中外诸军事之职辅政。

　　杨坚，弘农郡华阴（今陕西华阴）人。汉太尉杨震十四世孙，其父杨忠是西魏和北周的军事贵族，以追随北周有功，赐姓普六茹氏。周武帝即位后，杨坚迁左小宫伯，出为隋州刺史，进位大将军。权臣宇文护尤其忌惮杨坚，屡欲加害，后经大将军侯伏侯寿等保释获免。其后，杨坚袭爵隋国公，周武帝聘其长女为皇太子妃，恩宠日盛。当时，齐王宇文宪、内史王轨，皆言杨坚相貌非常、有反骨，周武帝不听。

　　周武帝建德中期，杨坚追随宇文邕讨平北齐，进位柱国、定州总管。周宣帝即位后，因为杨坚是皇后的父亲，拜其为上柱国、大司马。周宣帝大象初年，迁大后丞、右司马。周宣帝每有巡行，杨坚辄留守京城。当时，周宣帝制定的《刑经圣制》法律严苛，杨坚力言上谏，不纳。

　　杨坚位望日隆，引起了周宣帝的猜忌。当时周宣帝有四名宠姬，并立为皇后，互相争宠，相互诋毁。周宣帝一次对杨皇后说："一定要灭掉你的家族。"周宣帝借故传召杨坚，观察其形容变化，若杨坚"色动"，即可杀之。杨坚镇定自若，周宣帝才放弃了杀他的念头。

　　大象二年（580），周宣帝死，周静帝登位。内史上大夫郑译、御正大夫刘昉，认为杨坚是皇后之父，众望所归，遂矫诏引杨坚入总朝政，都督内外诸军事。杨坚大权在握，深恐北周诸王不服。周皇室诸王有很多有实力的藩王，杨坚怕他们时刻会生变。于是，他以赵王宇文招（周武帝之弟）将要嫁女于突厥为名，将他们召来京师长安，防止他们反抗。其后，周静帝拜杨坚假黄钺、左大丞相，百官皆听命于他。公元580年六月，北周宗室中有实力的赵王宇文招、陈王宇文纯、越王宇文盛、代王宇文达、滕王宇文逌都到了长安，处于杨坚的监视之下。

相州总管尉迟迥自以为是北周的重臣宿将，看到杨坚擅政，心中不平，于是举兵东夏。郧州总管司马消难、益州总管王谦相继起兵响应。赵、魏之士，跟从的人非常多，旬日之间，就聚集了十万兵马。又宇文胄以荥州、石愻以建州、席毗以沛郡、毗弟叉罗以兖州为根据地，都响应尉迟迥。杨坚命上柱国、郧国公韦孝宽出兵打败了尉迟迥，消灭了对自己有威胁的政敌。司马消难南逃于陈朝，王谦也被杀死。杨坚的这一胜利，稳定了内部的统治秩序。雍州牧毕王宇文贤及赵、陈等五王，看到杨坚平定了尉迟迥之乱，威望大增，图谋作乱。杨坚捉拿宇文贤将其斩首，宣布赵王等人的罪行，下诏五王剑履上殿，入朝不趋，来安定五王之心。接着便以谋反的罪名，先后杀掉了赵王宇文招、越王宇文盛、陈王宇文纯、代王宇文达、滕王宇文逌等，清除了鲜卑族中的反对力量。同时又拉拢元谐、元胄、宇文忻等部分鲜卑贵族。这样就使杨坚集团改朝换代的计划不再受到任何阻碍。

其后，杨坚又让世子杨勇担任洛州总管，加强对原北齐地区的控制。

在内外经营之下，杨坚本人夺权的时机也成熟了。

公元581年二月，杨坚由隋国公晋封隋王，后又加九锡，置建台官。"诏王冕十有二旒，建天子旌旗，出警入跸，乘金根车，驾六马，备五时副车，置旄头云罕，乐舞八佾，设钟虡宫悬。王妃为王后，长子为太子"（《隋书·高祖纪上》）。由此，杨坚权位已极，只差代周称帝而已。同月，北周静帝以杨坚众望有归下诏宣布禅让。杨坚三让而受天命，自相府常服入宫，备礼即皇帝位于临光殿，定国号为"隋"，改元开皇，宣布大赦天下。

　　由此，北周于公元581年变成了杨家的天下，北周灭亡。

第四章

鲜卑别种

慕容、拓跋、宇文鲜卑是鲜卑的三大主要部族，三大部族之外的其余各部鲜卑被称为支裔别种。

如果说三大主要鲜卑部族，其主要的进取方向是中原的话，那么鲜卑支裔别种的历史舞台，则主要是河西走廊及周围地区。[①]如果说檀石槐及轲比能鲜卑部落联盟的成立及分裂，是鲜卑三大部族形成的主要契机，而此后各大部族内部的再次分裂以及草原各游牧民族的迁徙融合，则是鲜卑支裔别种形成的主要动力。

从空间上看，秃发鲜卑又被称为"河西鲜卑"，主要活动于黄河河套以西的宁夏、甘肃、青海一带；乞伏鲜卑又被称为"陇西鲜卑"，主要活动于陕、甘间陇山（六盘山南段）之西的甘肃一带；吐谷浑鲜卑则主要进入青藏高原东北部，以游牧为主要生活方式。

从时间上看，乞伏、秃发、吐谷浑三部鲜卑，历经魏晋及五胡十六国纷乱漫长的历史时空，与其他民族交相杂处，相互融合攻伐，各自建立政权。或父子相继，或兄弟相承，在河西走廊，以剽悍的民族风气，逐步融入华夏文化的血脉，最终汇流成盛唐气象的重要组成部分。

---

① 河西走廊，位于黄河以西，是个狭长平原，因形如走廊而得名。河西走廊古称雍州、凉州，在祁连山以北，东连黄土高原，西连塔里木盆地，南部连接青藏高原，北部连接内蒙古高原。

第一节　乞伏鲜卑

引子　乞伏鲜卑的来源与迁徙

《晋书·载记·乞伏国仁》：

> 乞伏国仁，陇西鲜卑人也。在昔有如弗斯、出连、叱卢三部，自漠北南出大阴山。

《魏书·乞伏国仁传》载：

> 鲜卑乞伏国仁出于陇西，其先如弗，自漠北南出。

学者唐长孺钩沉众书，经过辨析后认为，《晋书》记载原文有误。其原文应作：

> 在昔有如弗[与]斯[引]、出连、叱卢三部，自漠北南出大阴山。[①]

如此说来，乞伏鲜卑应源出如弗、斯引、出连、叱卢四部。其中如弗当即乞伏，斯引与如弗可能是同一部族中的大小族。据唐长孺考证，四部中的叱卢为高车族十二姓之一：

---

① 唐长孺：《魏晋南北朝史论丛》，武汉大学出版社2013年版，第367页。

　　高车之族，又有十二姓：一曰泣伏利氏，二曰吐卢氏，三曰乙旃氏，四曰大连氏，五曰窟贺氏，六曰达薄干氏，七曰阿崘氏，八曰莫允氏，九曰俟分氏，十曰副伏罗氏，十一曰乞袁氏，十二曰右叔沛氏。（《魏书·高车传》）

　　唐长孺说，高车族十二姓中的第三姓"吐卢氏"，当即乞伏鲜卑来源的四部中的"叱卢"，"吐"字乃"叱"字之误。"叱卢"在其他史书中又写为"叱罗""叱洛""叱列"，实即后世常见之"敕勒"。凡此种种异写，皆为一音之转。要之，乞伏鲜卑的最初来源中有高车族的成分。

　　关于乞伏一语的实际含义，《晋书》没有说明，只是记载了一个神奇的故事。据说，乞伏四部在南出大阴山的途中：

　　　　遇一巨虫于路，状若神龟，大如陵阜，乃杀马而祭之，祝曰："若善神也，便开路；恶神也，遂塞不通。"俄而不见，乃有一小儿在焉。时又有乞伏部有老父无子者，请养为子，众咸许之。老父欣然自以有所依凭，字之曰纥干。纥干者，夏言依倚也。年十岁，骁勇善骑射，弯弓五百斤。四部服其雄武，推为统主，号之曰乞伏可汗托铎莫何。托铎者，言非神非人之称也。（《晋书·载记·乞伏国仁》）

　　《晋书》的此段记载，着重点在一"子"字。这个神奇的故事，讲述了乞伏鲜卑先祖纥干出世的神异：一位乞伏部族的老者，因部众祭祀神龟而偶得神子。神子生而不凡，长成后也雄武异常，骁勇善骑，能挽强弓，正符合游牧民族的剽悍审美，纥干遂成乞伏部众盟主——这显然有自神其事的意味。

蒙古族学者乌其拉图说，"纥伏"《北史》贺兰祥传"纥"作"乞"。"纥伏"的中古音为[γətbǐuk]。"乞伏"的中古音为[kʻiətbǐuk]。其中的入声字韵尾按不发音处理，所音写的是[γətbǐu]和[kʻiətbǐu]。据前面出现的音写，这两个音写可复原为蒙古语的[kobuu]，意为子、储子。[①]

由此看来，《晋书》的相关神话记载并不是虚言。乞伏鲜卑的得名，极可能与一位先祖神奇的诞生有关。

《晋书》没有明确记载乞伏四部南出大阴山（阴山山脉）的年代，但想来应与檀石槐鲜卑部落联盟的分裂有关，其年代当不晚于檀石槐部落联盟分裂，即公元181年。

《晋书》载，乞伏国仁的五世祖名祐邻。祐邻于西晋泰始初年即公元256年左右，率部"迁于夏"。这里的"夏"，实际是指赫连勃勃建立的夏国地域，北魏时期为夏州。其地域大致在今内蒙古河套南至陕西、宁夏北部一带。即是说，乞伏四部南出大阴山后，至祐邻时代，主要活动于河套一带。接下来，祐邻又率部由河套南夏地继续南迁。当时，活动于今宁夏清水河流域高平川的鲜卑鹿结部，与祐邻部"迭相攻击"，后鹿结部被打败，逃至今甘肃天水一带。于是，祐邻率部进入高平川（今宁夏黄河支流清水河）。

---

①乌其拉图：《赫连勃勃姓氏源流考——匈奴单于姓氏复原考释》，载《统万城建城一千六百年国际学术研讨会文集》，陕西师范大学出版社2015年版，第185页。

　　祐邻之后，乞伏部的首领是其子结权。结权在位后，又继续南下，"徙于牵屯"。据学者考证，牵屯所在的地理区域，即今宁夏固原、甘肃平凉西部一带。

　　结权之后，其子利那即位。利那即位后，"击鲜卑吐赖于乌树山，讨尉迟渴权于大非川，收众三万于落"（《晋书·载记·乞伏国仁》）。乌树山具体所在史家无考，但大致不出陇西之地。关于大非川之所在，学者周伟洲以为，"必在朔方或陇西一带"①。

　　利那死后，其弟祁泥即位。祁泥死，利那子述延即位。述延即位后，"讨鲜卑莫侯于苑川，大破之，降其众二万余落，因居苑川"《晋书·载记·乞伏国仁》）。苑川的所在地，即今甘肃榆中大营川地区。《水经·河水注》载："苑川水地，为龙马之沃土，故马援请与田户中分以自给也。"②西汉末，马援"亡命北地。遇赦，因留牧畜，宾客多归附者，遂役属数百家。……因处田牧，至有牛马羊数千头，谷数万斛"（《后汉书·马援列传》）。其地苑川水流经于此，特别适合马匹的放牧繁衍，更兼经过前代经营，成为了名副其实的沃土，这很显然非常有利于乞伏鲜卑。

　　述延死后，其叔父祁泥之子傉大寒即位。傉大寒即位后，"会石勒灭刘曜，惧而迁于麦田无孤山"《晋书·载记·乞伏国仁》）。东晋咸和三年（328），赵国君主石勒灭掉前赵刘曜，次年又从长安攻入上邽（今甘肃天水），杀刘曜之子及百官，进而攻占河西，"俘获数万，秦陇悉平"（《晋书·载记·石勒下》）。乞伏鲜卑感受到

---

① 周伟洲：《南凉与西秦》，陕西人民出版社1987年版，第120页。
② 郦道元著，陈桥驿校证：《水经注校证·河水》，中华书局2007年版，第52页。

了石勒的巨大威胁，于是，傉大寒率部由苑川向北迁往麦田无孤山（今甘肃白银靖远县北）。

傉大寒之后，其子司繁即位。司繁即位后，"始迁于度坚山"。公元371年，前秦苻坚攻司繁，司繁率部至苑川抵御，前秦军队乘机偷袭度坚山，乞伏各部由此叛归前秦。司繁请降，被苻坚拜为南单于，留在都城长安，后又拜为镇西将军。司繁死后，其子国仁代替他继续镇守乞伏鲜卑之地。

一、西秦政权的建立

前秦统治时期，曾经在灭亡拓跋鲜卑的代国后，将其余部迁徙至长安监管。但是，对于乞伏鲜卑，苻坚却没有采取这样的策略。在他眼中，乞伏鲜卑的力量是相对弱小的。于是，苻坚仍将乞伏鲜卑安置于故地，乞伏鲜卑也只是失去了名义上的独立，而降为前秦治下的将军。

公元383年，苻坚在淝水之战中被东晋打败。在苻坚发动淝水之战前，乞伏国仁被征为前将军，领先锋骑。此时，乞伏国仁的叔叔乞伏步颓在陇西反叛。

乞伏国仁似乎意识到，苻坚与东晋的战争是他的天赐良机。

于是，他乘机请求前去平叛。乞伏步颓听到乞伏国仁将来，心中大喜，迎其于道路，置酒高会，为他接风。叔侄见面后，乞伏国仁撩起衣襟，慷慨地对众人说："苻坚过去趁着石赵之乱，窃取了帝王名号，穷兵黩武，跨郡连州。疆土平定以后，应该以德治来安抚百姓，但是他好大喜功，一心要扫平全国，扰动苍生，导致民力疲惫，弄得天怒人怨，用什么来成事呢？而且物极必反，这是天道。依我看来，此役苻坚必定失败。现在，我要与诸君共成一方霸业。"

此后不久，苻坚果然败于东晋。再其后，苻坚为姚苌所杀，北方重新陷入各族分立的局面。乞伏国仁听到消息后，认为复国图霸的时机已经成熟。他对乞伏鲜卑的部众说："苻坚以其高出世人的才干，却被乌合之众所困，真是天意。只守常道而看不到机会的人，先贤圣达都会感到耻辱。见机而动，是英雄的本色。我的仁德虽然并不宽厚，但是诸位先王积攒下来的资本，岂能不抓住时机而成就一番大业呢？"公元385年，乞伏国仁自称大都督、大将军、大单于，领秦、河二州牧，建天子旗号，筑勇士城为都城，史称西秦。

乞伏鲜卑的政权虽然建立起来了，但其面对的周边形势却极不乐观。在西秦的东方，是前秦以及继前秦兴起的羌人姚氏建立的后秦；西方，是前秦将军吕光建立的后凉；南方，在青藏高原的东部边缘地区，另一支鲜卑吐谷浑的势力正在兴起。在一定意义上，西秦从立国之初就处于强敌环伺的环境之下。

前秦苻坚被杀之后，前秦残部受其孙苻登统率。乞伏国仁考虑到羌人建立的后秦雄踞关中，自己难以与之抗衡，而苻登的存在恰可抵御其西进，成为自己的一道屏障。于是，乞伏国仁接受了苻登的册封：

> 苻登遣使者署国仁使持节、大都督、都督杂夷诸军事、大将军、大单于、苑川王。（《晋书·载记·乞伏国仁》）

在稳定了前秦和西秦两股势力以后，乞伏国仁腾出手来，开始收服周围的鲜卑部落：

> 国仁率骑三万袭鲜卑大人密贵、裕苟、提伦等三部于六泉。
> 高平鲜卑没奕于、东胡金熙连兵来袭,相遇于渴浑川,大战败
> 之,斩级三千,获马五千匹。没奕于及熙奔还,三部震惧,率众迎
> 降。(《晋书·载记·乞伏国仁》)

通过对其他周围鲜卑部落的吞并,西秦逐步增强了自己的国力。

二、西秦的复国与灭亡

公元388年,乞伏国仁死。乞伏群臣因其子乞伏公府年幼,遂
立国仁之弟乞伏乾归为首领。乞伏乾归登位,为大都督、大将军、
大单于、河南王,赦其境内,改元太初。

乞伏乾归登位后,乞伏鲜卑周围的形势发生了新的变化。公元
394年,后秦姚苌病死之后,前秦符登发兵攻击后秦,兵败被困马
髦山。符登以送其子符宗做人质为条件,并将自己的妹妹嫁给乞伏
乾归,请求乾归出兵。但乞伏乾归的援军未及赶到,符登就已经被
姚苌长子姚兴所杀。符崇后来虽然逃回湟中,宣布继承王位,但前
秦已经是夕阳晚照,再无振兴之理。

前秦的衰弱导致其失去了屏障乞伏鲜卑的作用。于是,乞伏乾
归果断断绝与前秦的联系,驱逐了符崇。符崇投靠秦州的氐族陇
西王杨定,与其联手攻打西秦。双方大战于平川,最后乾归斩杨定
及首虏万七千级,尽有陇西、巴西之地。

公元391年,鲜卑秃发如苟率众两万户来降。

同年,后凉吕光率兵十万来犯,乾归采纳左辅密贵周的建议称

蕃吕光，遣子敕勃为质。

既而，吕光又率众来犯，满朝惊惧，都劝乾归东奔纪城，以避其锋，乾归不从，对众人说："从前曹孟德在官渡打败了袁本初，陆伯言在白帝挫败了玄德，都是用权谋打败了对方，岂在于人多！吕光虽然率领了全州的军队，但是没有远大的谋略，不值得害怕，而且他的精兵全在吕延手下，吕延虽然勇猛却很愚蠢，容易用奇计制服他。吕延的军队如果失败了，吕光也会逃跑，我们乘胜追赶，就可以成功。"乾归用反间计，挑起后凉君臣之间的矛盾，又指挥西秦兵英勇杀敌，大胜后凉兵。吕延兵败被擒，遂斩之，吕光逃走。

公元397年，乾归大胜后凉，陇西大震，南凉王秃发乌孤遣使来和亲。乾归又乘势开疆拓土，攻支阳，战允吾，又遣将攻吐谷浑。吐谷浑王视罴以其子宕岂为质，求两国和好。这时，鲜卑叠掘河内叛北魏，率户五千来降。

经过如上的开疆拓土和招降纳叛，乞伏鲜卑势力达至鼎盛。

然而，西秦的国力虽然上升，但仍然无法与后凉和后秦抗衡。于是，公元395年，乞伏乾归曾将都城由金城牵至苑川西城。两年后，后凉吕光率军进攻西秦，夺取了西秦的金城等地，乞伏鲜卑面临政权灭亡的危险。但就在同一年，秃发鲜卑的秃发乌孤称平西王，向后凉发起了进攻。秃发鲜卑采取了联合西秦进攻后凉的国策，两个政权携手对付后凉，让西秦获得了短暂的喘息之机。

但好景不长，刚刚与秃发鲜卑联手稳固了西部边境的乞伏鲜卑，又面临后秦的威胁。西秦的强大，直接威胁了后秦姚兴的利益。公元400年，姚兴倾国中之兵与乾归大战，因为恰好赶上大雾，乾归与中军相失，最后乞伏乾归大败。乾归先逃往苑川，后走金城。走投无路的乾归，大哭与诸部大人告别，投奔盟友南凉，被秃发利鹿孤安置在晋兴城，西秦灭亡。

在乞伏乾归投奔秃发鲜卑后，南凉镇北将军俱延对秃发利鹿孤说：

> 乾归本我之属国，妄自尊立，理穷归命，非有款诚。若奔东秦，必引师西侵，非我利也。宜徙于乙弗之间，防其越逸之路。（《晋书·载记·秃发利鹿孤》）

俱延以他独有的战略眼光认识到，乞伏乾归投诚实由情势所逼，并非真心归顺。人心难测，一旦乾归叛逃归顺东方的后秦，势必对秃发鲜卑构成威胁。所以，俱延建议将乾归安置于前凉的西部、乙弗部之间，阻断其东归的道路。但是，秃发利鹿孤没有接受这一建议。

其后，南羌酋长梁弋招乾归，乾归心动，欲借其力复国。事情败露，秃发利鹿孤遣兵阻截。乾归惧怕为利鹿孤所害，对他的儿子乞伏炽磐说："我不能担负国君的重任，致使国家沦亡。利鹿孤与我有姻亲关系，因而我原本希望他能救我于危难，谁知他忘义背叛，图谋杀害我们父子。他十分嫉妒我的威名，现在看来我们已经势不两立。姚兴现在正强盛，我准备投靠他。如果我和你一道去，必然会被利鹿孤追杀。现在，我送你和你母亲为人质，他就不会怀疑我了。我到了后秦，他也不敢加害于你。"二人谋成，乞伏乾归送乞伏炽磐于西平，自己奔向长安。

后秦姚兴见乾归来奔，内心十分高兴，遂拜乾归使持节，都督河南诸军事、镇远将军、河州刺史，封其为归义侯，派遣他还镇苑川，尽以部众配之。这样，乞伏乾归就又重新回归故地，重新发展壮大了势力。其后不久，其子乞伏炽磐也从西平逃到长安，后又从长安逃奔苑川，父子重聚。

在乞伏乾归父子势力不断壮大的同时，后秦却渐渐衰落了下去，先后败于南凉、夏国。公元409年，乞伏乾归在度坚山恢复西秦的国号，再登王位，封其子乞伏炽磐为太子，西秦复国。乾归登上王位后，很快收复了失去的国土。姚兴惊惧震恐，但又无力讨伐，只好遣使拜乾归为征西大将军、河北牧、大单于、河南王。乾归在收复故土后，又兴兵征伐秃发鲜卑和吐谷浑鲜卑，皆大胜俘获而还。

公元412年，乞伏乾归为其兄子乞伏公府所杀，其子乞伏炽磐扫平叛乱，登上王位，乞伏炽磐在位期间，兴兵吐谷浑，讨伐蒙逊，灭亡南凉，西秦国力达到极盛。公元428年，乞伏炽磐死，其子乞伏慕末即王位。为政苛虐，内外怨怒，部民多叛，人心思乱。此时，大夏国君赫连定欲灭西秦，屡次发兵攻击。乞伏慕末求援于北魏，北魏太武帝许以安定以西之地。乞伏慕末遂尽焚都城，毁宝器，率部众一万五千人至高田谷，为赫连定所阻截，遂退保南安。公元431年，乞伏慕末抵挡不住大夏的攻击，率宗族五百余人投降，西秦国灭。

第二节　秃发鲜卑

引子　秃发鲜卑的来源与迁徙

> 秃发乌孤，河西鲜卑人也。其先与后魏同出。八世祖匹孤
> 率其部自塞北迁于河西，其地东至麦田、牵屯，西至湿罗，南至
> 浇河，北接大漠。匹孤卒，子寿阗立。初，寿阗之在孕，母胡掖氏
> 因寝而产于被中，鲜卑谓被为"秃发"，因而氏焉。（《晋书·载
> 记·秃发乌孤》）

秃发鲜卑与北魏同出一源。

按史书记载，至秃发匹孤时代，秃发鲜卑的活动地域大体上
是东起今甘肃平凉西北的牵屯山、靖远北的麦田城，西至青海湖
东，南至今青海贵德，北接腾格里沙漠和巴丹吉林沙漠。据说，秃
发乌孤的八世祖匹孤的儿子寿阗在"被"中生产，鲜卑称"被"为
"秃发"，秃发鲜卑因而得名。但实际上，多数学者认为这一说法
并不准确。学者认为，"拓跋"与"秃发"为一语之转，只不过为了
表示二者之间的区分，而有写法的不同而已。

关于匹孤的身世，史书中有如下记载：

> 源贺，自署河西王秃发傉檀之子也。傉檀为乞伏炽磐所灭，
> 贺自乐都来奔。贺伟容貌，善风仪。世祖素闻其名，及见，器其
> 机辩，赐爵西平侯，加龙骧将军。谓贺曰："卿与朕源同，因事分

姓,今可为源氏。"(《晋书·源贺传》)

> 源氏出自后魏圣武帝诘汾长子匹孤。七世孙秃发傉檀,据南凉,子贺降后魏,太武见之曰:"与卿同源,可改为源氏。"(《新唐书·宰相世系表》)

由如上的记载,我们可以知道,秃发傉檀为秃发鲜卑建立的部落联盟政权——南凉的最后一位皇帝。南凉灭亡后,秃发傉檀之子秃发破羌逃往北魏。北魏太武帝根据秃发部与拓跋部同源,故将破羌之姓改为"源"。而后,他在随太武帝征战蠕蠕(柔然)中取胜,随即太武帝又赐其名曰"贺"。由是,他的名字由"秃发破羌"改为了"源贺"。太武帝后又下诏将整个秃发氏家族都改姓为源氏。另外,源氏出自北魏圣武帝诘汾长子匹孤,匹孤的七世孙就是秃发傉檀。

经过如上的钩沉以后,秃发鲜卑的来源就渐渐清晰了。

实际上,秃发鲜卑的形成是一部拓跋鲜卑早期的分化史。

拓跋部是原檀石槐部落联盟西部大人拓跋邻所领之部落。拓跋邻(第二推寅)死后,其子拓跋诘汾继承父职,并按照檀石槐的部署率部迁往云中、雁门二郡塞外的匈奴故地。至曹魏初期,拓跋部最终到达了西部地区。但此时的西部地区鲜卑部落间征战不断,拓跋部也陷入其中,并由于"西部内侵,国民离散"(《魏书·序纪》)。此后,拓跋诘汾庶长子拓跋匹孤率领所部西迁,创建了秃发部(亦称陇西鲜卑),后又在陇西地区建立起以秃发部为中心的部落联盟,并在此基础上建立了封建国家。

据《魏书·序纪》记载,拓跋鲜卑历史上第一位有明确纪

年的皇帝即神元皇帝力微，力微"元年，岁在庚子"。又载：力微
"四十二年，遣子文帝如魏，且观风土。魏景元二年也"。力微
四十二年为魏景元二年，即公元261年，依此推算，则力微元年为公
元220年（庚子年），该年相当于曹魏文帝黄初元年。力微在位58
年而卒，其卒年约在西晋武帝咸宁三年，即公元277年。所以，匹孤
由塞北迁往河西的年代，当在力微即位后的魏晋年间。

三国时期，曹魏为在西部战场与蜀国对抗，大力开发河西走
廊，以便可以就近提供兵源和军需物资。甘露元年（256）至景元
四年（263），曹魏派镇西将军、都督陇右诸军事的邓艾带兵伐蜀，
将包括秃发鲜卑在内的鲜卑各部数万人迁到河西陇右的雍、凉二
州（河西走廊区域）之间。

《魏书》言匹孤"率其部自塞北迁于河西"，恐怕其中一个
重要原因就是邓艾伐蜀。由此算来，匹孤率领秃发鲜卑迁徙的时
间起始点，应为公元220年（力微即位）至公元263年（邓艾任镇西
将军）。

匹孤死，其子寿阗即位。寿阗死后，匹孤曾孙树机能即位。树
机能"壮果多谋略"，不堪忍受西晋护羌校尉的压迫，于泰始六年
（270）至咸宁五年（279）十年间，先后发动西北少数民族起义。晋
泰始中，杀雍州刺史胡烈万于万斛堆，败凉州刺史苏愉于金山。咸
宁中，又斩凉州刺史杨欣于丹岭，尽有凉州之地。凉州地处河西走
廊，在被秃发鲜卑占据后，晋王朝与河西的交通被彻底阻断，晋武
帝为之宵衣旰食，夜不能寐，忧心忡忡地对群臣说："谁能为我讨
此虏通凉州者乎？"后来，司马督马隆出军征讨秃发鲜卑，在武威
一带与树机能激战。树机能大败，被其部下所杀。从此，秃发鲜卑

归属晋朝。

树机能死后，其从弟务丸立。务丸死后，其子推斤即位。推斤死后，其子思复鞬即位。思复鞬就是南凉的建立者秃发乌孤的父亲。

晋惠帝时，凉州刺史张轨世守凉州，治姑臧。经过几代经营，已经成为割据一方的地方政权，史称前凉。公元376年，占据河西的张氏政权被前秦苻坚消灭。淝水之战以后，苻坚的部将吕光割据河西，史称后凉。秃发鲜卑先后隶属于张氏的前凉和吕氏的后凉。

秃发鲜卑至思复鞬之时，"部众稍盛"，实力得到了恢复。淝水之战后，前凉君主张天锡南奔东晋，前秦长水校尉王穆藏匿了张大豫，与他一起奔河西，依附秃发思复鞬。秃发思复鞬希求与张大豫联合，削弱后凉对秃发鲜卑的控制。后张大豫攻打姑臧的吕光，思复鞬派他的儿子奚于率兵助阵。吕光出击，大破张大豫，秃发奚于被斩杀两万余骑。

一、南凉的建立

思复鞬死后，其子秃发乌孤即位。秃发乌孤即位后劝课农桑，发展经济，与周边少数民族交好，国力日渐强大。后凉吕光见此形势，开始对之进行拉拢，遣使进行册封。秃发乌孤开始不愿接受吕光的册封，但其大将石真若留说："您现在本根未固，应当根据时局确定策略。吕光现在德刑修明，境内没有忧患，若他置我们于死地，我们力量弱小恐怕不敌，事后后悔就来不及了。您不如接受他的册封，韬光养晦，等待时机。"于是，秃发乌孤才接受了吕光的册封。从这一点可以看出，秃发乌孤一直心存大志，不甘久居人下。

秃发乌孤得到吕光的支持后，开始征服周围的鲜卑各部族。公元395年，他先征服了乙弗、折掘二部，后又征服鲜卑意云部及其他诸部，国势开始强盛起来。西晋隆安元年（397），秃发乌孤建立南凉国，筑湟中廉川堡，以为都城，年号太初，史称南凉。

公元397年是一个并不安定的年份：

> 是岁也，吕光据姑臧称凉。后十二年，慕容德据滑台称南燕。是岁也，秃发乌孤据廉川称南凉，段业据张掖称北凉。后三年，李玄盛据敦煌称西凉。后一年，沮渠蒙逊杀段业，自称凉。
> （《晋书·载记第一》）

公元397年（吕光建立后凉十二年后）秃发乌孤建立南凉。当年，匈奴沮渠蒙逊因吕光曾杀害其伯父，聚众万余人，屯兵金城，与其从兄、晋昌太守男成推建康太守段业建立北凉。

段业以沮渠蒙逊为张掖太守，封其为临池侯，以李暠（字玄盛）为效谷县令，后又升敦煌太守。其后三年（400），因段业本人性情猥琐，李暠背叛段业，建立西凉。

公元401年，匈奴沮渠蒙逊杀段业，自称凉国。由此，后凉、南凉、北凉、西凉、凉，再加上乞伏鲜卑建立的西秦以及羌人建立的后秦，在古凉州地区共存在七个割据政权。

一时间，河西走廊成为中国最为纷乱的地区。

秃发乌孤是一位积极进取的少数民族君主，就在其攻破乙弗、折掘二部的那一年 (395)，他登上廉川大山，眺望山河，满腹心事，泣而不言。跟随秃发乌孤的将军石亦干猜中了乌孤的心事，对他说：

> 大王所为不乐者，将非吕光乎? 光年已衰老，师徒屡败。今我以士马之盛，保据大川，乃可以一击百，光何足惧也。(《晋书·载记·秃发乌孤》)

从石亦干的分析来看，秃发鲜卑已经认识到后凉政权的现实：吕光年老，师徒屡败，国势日下，正是秃发鲜卑进取之时。

但秃发乌孤当时隐忍下来，他分析说：

> 光之衰老，亦吾所知。但我祖宗以德怀远，殊俗惮威，卢陵、契汗万里委顺。及吾承业，诸部背叛，迩既乖违，远何以附，所以泣耳。(《晋书·载记·秃发乌孤》)

秃发乌孤认为，吕光虽然年老，但秃发鲜卑自身的局势尚未安定，周边其他鲜卑部族背叛，他的谋划是先扫平周边，等强大之后再向吕光发难。

公元399年，乌孤迁都乐都 (今青海乐都)，专心经营河湟地区，并让他的弟弟利鹿孤镇守安夷 (今青海乐都西)、傉檀镇守西平 (今青海西平西)，叔叔素渥镇守湟河 (今青海化隆南)，族人分镇各地。又任用了大量汉族和少数民族的上层人士，"皆内居显位，外宰郡县"，史书说"官方授才，咸得其所"，南凉政权逐渐得以稳固。

南凉政权稳定后，开始积极向外拓展。其首要目标是占有整个河陇地区。而当时在河西的割据政权，除了南凉外还有：据于苑川（今甘肃榆中东北）的西秦、据于姑臧（今甘肃武威）的后凉和据于张掖（今甘肃张掖）的北凉。它们分处于南凉的东、西、北三方，对南凉构成了包围之势。南凉的南方，就是居于青藏高原边缘的吐谷浑了。因此，南凉若想争霸河西，就必须削弱、消灭这三个政权。秃发乌孤对群臣说：

> 陇右区区数郡地耳！因其兵乱，分裂遂至十余。乾归擅命河南，段业阻兵张掖，虐氏假息，偷据姑臧。吾藉父兄遗烈，思廓清西夏，兼弱攻昧，三者何先？（《晋书·载记·秃发乌孤》）

面对乌孤的询问，其臣下杨统进言说：

> 乾归本我所部，终必归服。段业儒生，才非经世，权臣擅命，制不由己，千里伐人，粮运悬绝，且与我邻好，许以分灾共患，乘其危弊，非义举也。吕光衰老，嗣绍冲暗，二子纂、弘，虽颇有文武，而内相猜忌。若天威临之，必应锋瓦解。宜遣车骑镇浩亹，镇北据廉川，乘虚迭出，多方以误之，救右则击其左，救左则击其右，使纂疲于奔命，人不得安其农业。兼弱攻昧，于是乎在，不出二年，可以坐定姑臧。姑臧既拔，二寇不待兵戈，自然服矣。（《晋书·载记·秃发乌孤》）

杨统分析说，乞伏鲜卑的西秦与秃发鲜卑的南凉同出一源，终必归附。段业为人才能平庸，北凉朝政纷乱，千里悬隔，攻取不易，而且乘人之危，非兵家义举。但后凉吕光已经老迈昏聩，嗣子吕绍年幼，优柔寡断，其余二子虽然颇为勇武，但互相猜忌。因而，应当趁机兴兵，攻伐后凉。后凉既服，则西秦与北凉自然归顺。秃发乌孤接受了杨统的建议，将吕光的后秦作为主要对手。

雄图大志的秃发乌孤，一心想做"天下主"，但天不假年，公元399年，秃发乌孤酒后乘马，从马背跌落摔伤肋骨，由此不治。

秃发乌孤死后，其弟利鹿孤即位，徙都西平，改元建和。西平（今青海西宁）是西域军事重镇，其地有西平亭。公元121年，汉武帝经略西域，派遣大将军霍去病从匈奴手中夺回河西走廊的控制权，打通了中原通往西域的商道，于西平修建军事据点西平亭。西平是青藏高原的东方门户，有"西海锁钥"之称。利鹿孤将都城从乐都迁往西平，正是考虑到了西平重要的战略位置。

利鹿孤即位后，后凉吕光病亡，诸子争权，后凉内乱，一切都应验了秃发乌孤的预计。公元400年，吕光之子吕纂在篡位后为巩固自己的地位，于三月攻伐南凉，于六月出兵北凉，结果都大败而回，其通过武功建立权威的设想陨灭，后凉局势更加混乱。同年，北凉太守李暠建立西凉，北凉由此分裂，无力再与南凉对抗。同年，后秦姚硕灭亡乞伏鲜卑建立的西秦。西秦乞伏乾归、乞伏炽磐父子投奔同为鲜卑的秃发南凉政权。

从总体形势看，周边的后凉、北凉、西秦政权或者衰弱，或者灭亡，对秃发鲜卑的南凉无疑是有利的。但是，在后秦灭亡乞伏鲜卑的西秦后，秃发鲜卑就失去了东方抵御后秦的屏障。面对强大的后秦，利鹿孤明智地选择了称藩归属。

公元401年，后凉再次内乱，北凉沮渠蒙逊杀段业自立。闻听周边内乱，利鹿孤大喜过望，认为称霸河西的机会到来，于是在群臣的劝进之下，自称"河西王"，对后凉虎视眈眈。但是，后秦统治者也察觉到了南凉的野心，为有效控制后凉，后秦于公元403年将后秦君主吕隆的弟弟吕超召为人质。吕隆迫于后秦的淫威以及南凉的觊觎，自请入秦为质。同年八月，后秦遣军四万，胁迫吕隆迁往长安，后凉宗室贵族及百姓一万多人也同时被徙，后凉宣告灭亡。同时，后秦派出大将王尚镇守姑臧，利鹿孤夺取后凉的美梦至死也没有实现。

二、南凉的灭亡

公元402年，利鹿孤死，其弟秃发傉檀即南凉国主之位。傉檀即位后，又将都城从西平迁回乐都。公元403年，后凉亡于后秦。傉檀在此时意识到，占据后凉的姑臧已经不可能了，摄于后秦军威，于公元404年二月主动去除了后凉的国号，朝贡于姚兴。

傉檀发兵讨伐南羌、北凉、大破之。此时，他上表姚兴请求凉州之地，姚兴不许，加傉檀散骑常侍，增邑两千户。公元406年，在南凉打败北凉之后，为了获得姚兴的信任和支持，傉檀向姚兴献战马三千匹，羊三万头。后秦于是认为傉檀忠诚可嘉，晋封傉檀使持节，都督河右诸军事，车骑大将军，领护匈奴中郎将，凉州刺史，让其镇守姑臧。这样，傉檀就通过非军事的手段，得到了通过战争才能得到的东西。

史书称傉檀"论六国纵横之规，三家战争之略，远言天命废兴，近陈人事成败，机变无穷，辞致清辩"（《晋书·载记·秃发傉檀》）。又称其"武略雄图，比踪前烈"（《晋书·载记·秃发傉檀》）。但就是这样一位君主，在累克连捷之后，却开始了穷兵黩武之路。

傉檀在得到姑臧后，假装出游浇河，袭击西平、湟河诸羌，迁徙三万多户到武兴、番禾、武威、昌松四郡。公元407年九月，傉檀征集戎夏族五万多人当兵，在方亭举行大阅兵，出兵讨伐沮渠蒙逊，进入西陕。蒙逊率领军队来抵御，在均石交战，傉檀被蒙逊打得大败。西郡太守杨统投降，西郡丢失。

然而，傉檀仍不吸取教训，屡败屡战。后来檀又和赫连勃勃在阳武交战，大败于阳武下峡，将领有十多人死亡，傉檀和数名骑兵逃往南山，差一点儿就被追赶的骑兵抓住，国势由此转衰。

傉檀持能又自不量力，屡战屡败，却不能从中吸取教训，结果，引起国人的反对。军谘祭酒梁衷、辅国司马边宪等七人，欲废傉檀，事泄，傉檀擒而斩之。

姚兴见傉檀兵败阳武，内又有衷、边之祸，于是，兴兵讨伐南凉，声言伐赫连，傉檀不以为备，姚兴兵至漠口，攻傉檀昌松，城破，守将苏霸战死。姚兴又攻姑臧，傉檀部将王钟等欲为秦军内应，事泄，傉檀杀王钟等党羽五千余人，将王钟党羽的妻妾作为赏赐品，送给军人。面对姚兴的大兵压城，傉檀心生一计，令诸郡县驱牛羊于野，任秦军抄掠，遂分兵击秦兵，斩秦兵七千余级，大获全胜。

在击败后秦以后，傉檀认为自己是有能力称霸河西的，于是不再向后秦称臣，复称凉王。重新称王以后，乞伏乾归趁后秦败于南凉，重新复国。但傉檀认为西秦复国伊始，对自己尚不足构成巨大的威胁，于是他将北凉沮渠蒙逊作为自己主要的进军对象，对其发动全面战争。

但是，傉檀对北凉的战争均以失败而告终。在连年征战、民力疲惫、人心思乱的情况下，傉檀内部又发生了右卫折掘奇镇叛降沮渠蒙逊的事件。而且，被傉檀忽视的乞伏乾归部在复国后逐渐崛起，吐谷浑树洛干部也逐渐兴盛，二者都开始兴兵进攻南凉。

公元410年，傉檀惧怕被蒙逊所灭，不得不将都城从姑臧迁回乐都。傉檀撤出姑臧后不久，城内部将王侯又叛逃蒙逊。公元411年，姑臧城为沮渠蒙逊所占据。蒙逊以克姑臧之威势，又围困乐都。傉檀北伐，至番禾、苕藋，掠民而还，时此地已不属南凉。故姑臧陷于北凉后，他当初曾经迁徙三万多户到武兴、番禾、武威、昌松的四郡已经丢失。《资治通鉴》载，公元412年四月"乞伏炽磐攻南凉三河太守吴阴于白土，克之，以乞伏出累代之"，南凉失三河郡；次年（413）四月，"南凉湟河太守文支以郡降于蒙逊"，遂失湟河郡。

傉檀的穷兵黩武没有收到应有的效果，相反在周边的少数民族政权的夹击下，不断丧国失地。公元414年，居住于青海一带的乙弗鲜卑等部背叛南凉。为了安定人心，缓解国内矛盾，秃发傉檀率军西征乙弗鲜卑，虽然大破之，并且获牛马羊四十余万的战果，但却被乞伏鲜卑的西秦乘虚攻击，乐都陷落。乐都陷落后，乞伏乾归对乐都"男夫尽杀，妇女赏军"，得到消息的傉檀"虽欲归还，无所赴也"。于是，傉檀只能引兵向西，路上众将军皆叛去。

秃发傉檀此时意识到，南凉的灭亡已经不可避免。但在此时，他还在考虑如何保全秃发鲜卑的血脉。他对手下说：

> 蒙逊与吾名齐年比，炽磐姻好少年，俱其所忌，势皆不济。
> 与其聚而同死，不如分而或全。樊尼长兄之子，宗部所寄，吾众在
> 北者户垂一万，蒙逊方招怀遐迩，存亡继绝，汝其西也。纥勃、洛
> 肱亦与尼俱。吾年老矣，所适不容，宁见妻子而死！（《晋书·载
> 记·秃发傉檀》）

傉檀认为，沮渠蒙逊和乞伏炽磐二者都与他齐名，二者都曾经是
自己的手下败将，投奔他们让傉檀感到耻辱，另外他们也必不能相
容。所以在当前的形势下，与其一同赴死，不如分散逃生。樊尼是
傉檀长兄的儿子，是秃发鲜卑的血脉最后的希望所在。沮渠蒙逊
正在实行"存亡续绝"的仁政之策，想要怀柔四方，招降纳叛，因
而傉檀建议他带领所剩的一万部众，西奔投靠沮渠蒙逊。至于自
己，傉檀则说自己年纪已经老迈，只想见到被乞伏炽磐俘获的老
妻一面，则死而无憾。

　　秃发傉檀最终决定投奔乞伏炽磐。乞伏炽磐给予了傉檀应
有的礼遇，"遣使郊迎，待以上宾之礼"，而且"以傉檀为骠骑大将
军，封左南公"（《晋书·载记·秃发傉檀》）。但是，这一切都是表
面的。在乞伏炽磐看来，有这样一位曾经野心勃勃的秃发君主在自
己的身边，说不定什么时候就会成为自己的大患。于是，公元414年
十一月，傉檀被乞伏炽磐鸩毙，南凉亡。

　　自秃发乌孤建立南凉，至秃发傉檀共三世，凡十九年而国灭。
史书的论赞说："秃发弟兄，擅雄群虏。开疆河外，清氛西土。傉

檀杰出,腾驾时英。穷兵黩武,丧国颓声。"(《晋书·载记·秃发傉
檀》)非常精当地概括了秃发鲜卑的崛起和灭亡的进程。

第三节　吐谷浑鲜卑

引子　吐谷浑鲜卑的来源和迁徙

　　吐谷浑鲜卑是慕容鲜卑的近亲,其起源可以追溯到曾经活动
于辽西老哈河与西拉木伦河流域的鲜卑慕容部。

　　据史书记载,慕容部首领涉归在生前传位于嫡长子慕容廆,
另外分出1700户部众由庶长子吐谷浑统领。涉归去世后,有一次,
吐谷浑统领部众的马匹与慕容廆部众的马匹互相撕咬。慕容廆
生气地说:"先公分立部落以相区别,为什么不相离远一些,而使
马匹争斗?"吐谷浑说:"马本是畜牲,畜牲争斗很平常,为什么要
迁怒于人?分别容易得很,我可离开你到万里之外去。"于是便带
着部众出走。慕容廆后悔了,派长史史那楼冯以及父亲当年的故
旧去追赶吐谷浑回来。吐谷浑说:"先公卜筮说,他将有两个儿子
会昌盛。我虽然是兄,但是是庶子,按理无法与嫡子一同壮大。今
天因为马匹相斗而分别,这恐怕是上天的旨意吧!各位试着赶马
群东走,如果马回到东边,我就随马群回去。"史那楼冯派出二千
名骑兵围着马群往东赶出数百步,马匹便悲声鸣叫着西走。这样
来回赶了十几次,史那楼冯跪下说:"可汗,这不是人力所能做到
的了。"于是作罢。鲜卑语称兄为阿干,慕容廆想念其兄吐谷浑,作

《阿干之歌》，年老时十分思念，经常唱这首歌。

吐谷浑鲜卑部众西迁，按照史书的记载，大致经历了"西附阴山""度陇而西""止于枹罕暨甘松"三个阶段。

第一阶段，"西附阴山"阶段。

在西迁的路上，吐谷浑按照父亲涉归生前的占卜，对部下说："我兄弟俩都将要享有国家，慕容到了曾孙玄孙后才一百多年而已。我到了玄孙以后，大概就要昌盛了吧！"于是就往西居住在阴山以北地区。

从史书的记载来看，涉归死于公元283年，其时慕容廆立，吐谷浑西走，至阴山而游牧，至西晋永嘉之乱再次西迁。永嘉之乱发生于公元311年，在此时段内，吐谷浑鲜卑一直居住于阴山，前后算来有20余年。考吐谷浑生于公元245年，至此时当66岁。

第二阶段，"度陇而西"阶段。

吐谷浑居住在阴山20余年后，适逢永嘉之乱，中原开始纷乱，不再适合吐谷浑部生存，于是他们开始离开阴山，越过陕甘境内的陇山到达陕西。

第三阶段，"止于枹罕暨甘松"阶段。

吐谷浑到达陕西后，进而继续向西迁徙。经过近10年的迁徙之后，"止于枹罕暨甘松"，到达今甘肃临夏附近地区。其地域"南界昂城、龙涸，从洮水西南极白兰数千里中"（《魏书·吐谷浑传》）。甘松，在枹罕东南今甘、青、川边境一带；昂城，即今川北阿坝；龙涸，即今川北松潘；白兰，即今青海柴达木盆地都兰一带。其地域，大体涵盖了今甘肃西南部、青海东南部和四川北部的广大地区，地域广袤，达数千里。

　　吐谷浑鲜卑是典型的游牧民族，有城郭却不定居，随逐水草，用庐帐作房屋，以肉酪为粮食。他们的官员设置有长史、司马、将军，略微懂得文字。他们的男子全都穿长裙，帽子有的戴羃羅（幂罹）。妇人用金花为首饰，头发辫起来绕在后面，用珠装饰。在婚姻方面，富有人家出很多聘娶的财物，偷偷地把女子娶走。父亲死了，儿子就把父亲的妻妾娶过来；哥哥死了，弟弟就把哥哥的妻妾娶过来。丧服之制，安葬完毕丧服就脱掉。国家没有固定的税收，在调用供给不上时，就取富室商人，到够为止。杀人和盗马的人罪行处死，犯其他罪的就征用财物赎罪。土地适宜种大麦，蔓菁很多，有一些菽粟。出蜀马、牦牛。西北方的各种族称他们为"阿柴虏"，也有称作"野虏"的。

　　关于"吐谷浑"汉语的意思，古籍记载不明。唯日本学者白鸟库吉说，慕容鲜卑初居之作乐水（饶乐水）和乌侯秦水。前者乃蒙古语Sarakha之音译，黄水之义，指今西剌木伦河；后者系乌侯秦水之误，为蒙古语Toghosun之音译，土河之义，指今老哈河。吐谷浑父涉归就是以居地的这二河名为两子命名，若洛廆（慕容廆）与作乐水之异译如若瑰、袅罗箇读音酷似，蒙古语微黄之义；吐谷浑与老哈河古称乌侯秦、托纥臣、吐护真等读音酷似，蒙古语尘土、泥土之义。[①]

　　《资治通鉴·晋纪十二》载，东晋元帝建武元年（317），即东晋立国当年，"河南王吐谷浑卒"，时年七十二岁。吐谷浑有六十个儿子，继位者是其长子吐延。

---

① 〔日〕白鸟库吉著，方壮猷译：《东湖民族考》，山西人民出版社2015年版，第47页。

吐谷浑鲜卑到达的青藏高原地区，原本是羌人的聚居地。所以远来的吐谷浑人，不可避免地侵犯了羌人的生存空间，导致当地羌族豪强的反抗。吐谷浑部的第二代首领吐延即死于羌族之手。吐延是一个野心勃勃的少数民族首领，他见中原地区大乱，大有入主中原、一决雌雄的愿望。然而吐延生性残酷凶狠，负志而不疼爱部众，在位十三年，为羌族酋长姜聪所杀。吐延死时，刺客的剑还插在身上。另外，吐谷浑部第四代首领碎奚的三弟，也为羌人豪族钟恶所杀。究其原因，还是吐谷浑鲜卑的到来侵占了羌族的生存空间。

吐延死后，其子叶延立。叶延根据《礼记》"公孙之子，得以王父字为氏"的记载，始以吐谷浑为氏。这就是鲜卑吐谷浑部和历史上成为吐谷浑国的来历。

叶延在位二十三年卒，时年三十三岁。叶延有子四人，死后长子碎奚即国王位。

一、南北朝时期的吐谷浑

碎奚生性仁厚慈惠，听说前秦苻坚强身，就遣使朝贡马五十四、金银五百斤，苻坚大悦，拜碎奚为安远将军。

碎奚为王后，其三弟专权，碎奚不能驾驭，诸部大人恐其为国害，共谋而诛之。碎奚听说三弟被杀，痛不欲生，恍惚成疾，对世子视连说："我祸及兄弟，何以见其于地下？大小国事，都由你来统领吧！我残年余命，只不过苟活于世，寄居求食而已。"于是，碎奚把朝中的一切大权都交给了他的儿子视连。碎奚在位二十四年卒，时年四十二岁。

视连即国王位后，通聘于乞伏乾归，乞伏乾归拜视连为白兰王。

史书记载，视连年幼之时廉洁、谨慎，因为父亲抑郁而终的缘故，七年不饮酒、不田猎。这种俭啬的生活引起了群臣的担忧。长史钟恶对他说："治理国家，要施行德政，要以威仪驾驭部众，要让老百姓有饭吃，要让他们娱乐，不能将刑法和仁德放在那里不用。"意在规劝视连不要生活过俭，而是要以君王之度，奢俭得体，仁刑并用。但视连说："这些事我恐怕做不到了，让我的子孙后代去做吧！"他对他的儿子视罴说："我们的高祖吐谷浑说，我的子孙后代必有兴者，永远做中国西部的藩属，相传百世。我是做不到了，你也看不到，大概是你的子孙辈才能实现吧！"视连对他的儿子说完这番话以后就死了，居国王位十五年。

视连死后，他的儿子视罴即王位。视罴是一个雄才大略之人，他对吐谷浑历代君主仅以仁德而不以法律制度部众，同时又不和四边邻国结交的做法十分不满。他决心好好治理吐谷浑，与中原王朝一争高下。他即王位后，西秦王乞伏乾归派遣使臣封他为白兰王，他拒绝封拜，并对使臣痛斥乞伏乾归安居一隅称王的苟安之态，力陈自己"扫氛秦陇，清彼沙凉，饮马泾渭，戮问鼎之竖"的雄图大志。

使臣回国后，告乞伏乾归拒封之事，乾归大怒，欲兴兵攻打视罴，但是由于忌惮视罴的强硬，遂强压怒气，暂时作罢。后来，乞伏乾归率兵攻打视罴，视罴大败，退守白兰。战败后的视罴幽愤不已，不久即去世。在位十一年，年三十三卒。

视罴死后，其弟乌纥堤即位。乌纥堤性情软弱，不关心国事，耽于酒色，纳诸嫂为妻，使战后的吐谷浑更加混乱。公元405年，乞伏乾归入长安投降后秦姚兴以后，被姚兴遣回乞伏鲜卑故地，镇守苑川，图谋复国。此时，乌纥堤趁乞伏乾归国势未兴，屡屡兴兵犯界。乞伏乾归大怒，率军讨之，乌纥堤大败，被乾归掠去人口万余。乌纥堤逃到秃发鲜卑所在的南凉，最后死在那里。

乌纥堤死后，视罴之子树洛干即位。树洛干九岁而孤，十六岁嗣位，即位后带领所部数千家迁徙到莫何川一带，"自称车骑大将军、大单于、吐谷浑王……轻徭薄赋，信赏必罚，吐谷浑复兴"（《资治通鉴·晋纪三十六》）。

树洛干的兴起，引起了乞伏鲜卑的忌惮，遂发兵攻打吐谷浑。树洛干战败，不得已投靠了乞伏乾归。其后，乾归之子乞伏炽磐即位，数度侵扰吐谷浑。吐谷浑国无宁日，树洛干不得已退保白兰山，不久发病死去。

公元414年，树洛干死，其弟阿豺即位。阿豺自号骠骑将军、沙州刺史。阿豺即位后，兼并氐羌等民族，拓地数千里，号为西域强国。时当南朝刘宋强盛，阿豺决心与南朝刘宋修好，遂遣使贡献方物，尊之为帝业正统。刘宋大悦，公元423年封阿豺为浇河公。公元426年，刘宋又欲遣使加封，但使臣尚未出发，阿豺暴毙，加封遂作罢。

阿豺死后，兄子慕璝立为王。慕璝即王位后，又遣使刘宋修好，刘宋封其为陇西公。慕璝"招集秦凉亡业之人及羌戎杂夷众至五六百落，南通蜀汉，北交凉州、赫连，部众转盛"（《魏书·吐谷浑传》）。此时，拓跋鲜卑建立的北魏王朝兴起于北方，慕璝又积极推行东交北魏的政策。公元431年，慕璝发兵征讨与北魏为敌的匈奴赫连定，擒之并送予北魏。魏太武帝拓跋焘对慕璝的行为表示赞赏，封其为大将军、西秦王。

公元436年，慕璝死，其弟慕利延即位。慕利延承续了慕璝同时交好刘宋和北魏的政策，北魏太武帝遂拜慕利延为镇西大将军，改封西平王，南朝刘宋则又封他为河南王。公元439年，北魏太武帝平凉州，灭北凉国，慕利延恐惧，率部西走。太武帝遣使宣谕，慕利延才敢回到故地。

此后，吐谷浑内部发生动乱。慕利延与其兄之子纬代不睦，纬代图谋降魏，慕利延擒而杀之。纬代之弟叱利延等八人逃奔北魏平城，请兵讨伐慕利延。其后，北魏兴兵讨伐慕利延，双方会战于大母桥，北魏胜，斩首五千余，慕利延逃奔白兰山。此后，太武帝又派高凉王拓跋那讨伐吐谷浑于白兰，慕利延不敌，遂入于阗国，杀其王，死者数万人。在北魏的攻击下，慕利延向南朝刘宋求救，但刘宋赐以牵车，并未发兵救援。于是，慕利延在于阗国待了七年之后，才得以返回故土。

慕利延死后，树洛干的儿子拾寅即位，建都伏罗川，举止出入，皆仿效中原皇帝。

拾寅认为北魏王朝是正统，受北魏正朔。然而，他又接受南朝的封爵，号河南王。北魏太武帝也拜拾寅为镇西大将军、沙州刺史、平西王。但拾寅自恃地域悬远，对北魏王朝屡屡不恭，却与南朝刘彧暗通款曲。于是，北魏在公元452年、公元466年连续讨伐吐谷浑，吐谷浑战败，拾寅无奈，不得已遣子斤入北魏为质子。

拾寅之后，其子度易侯、其孙付连筹相继为王，对北魏一直怀有二心，依违之间，时降时叛。北魏王朝对吐谷浑或征讨，或安抚，或责让，均时有之。

公元534年，北魏分裂为东魏和西魏。付连筹之子夸吕即位后，臣服于较为强盛的西魏，其后东魏对之进行拉拢，将广乐公主送给夸吕为妻。但夸吕一方面对西魏朝贡，另一方面却不时骚扰北魏边疆。

其后，北周代魏。自公元553年至公元578年的二十余年间，前者西魏，后者北周，与吐谷浑进行了多次战争。夸吕或拒战，或朝贡，或逃跑，反反复复，没有绝期。游牧民族劫掠的本性，始终难以更改。

二、隋唐时期的吐谷浑

公元581年，隋文帝杨坚代周建立隋朝。吐谷浑夸吕率兵寇扰凉州等地，隋文帝派遣上柱国元谐率领步骑数万骑征讨，夸吕调发境内全部兵卒自曼头至于树敦，甲骑络绎不绝，元谐获胜，吐谷浑败于丰利山（青海东），其太子可博汗又败于青海，俘斩将卒万计。经此一战，吐谷浑深感震骇，其王侯三十人各率所部前来归降，夸吕率亲兵远遁。隋政府认为吐谷浑高宁王移兹裒素得众心，诏拜为大将军，封河南王，负责统领降隋部众，其余酋长也分别赐予各级官爵。文帝以元谐作战有功，封为宁州（今甘肃宁县）刺史，留下行军总管贺娄子干镇守凉州（今甘肃武威），共同防备吐谷浑。

夸吕喜怒无常，屡次欲废杀太子，太子深感畏惧。公元587年，太子密谋执夸吕降于隋，欲请隋廷边将出兵帮助，但文帝未准。太子的计谋泄露，夸吕将其斩杀，复立其少子嵬王诃为太子。嵬王诃同样担心偶有所失被夸吕斩杀，又密谋率部众一万五千户投降于隋朝，暗中派遣使臣前往隋廷请求派兵应援，文帝说："父有过失，子当谏争，岂可潜谋非法，受不孝之名！"不同意出兵相助，嵬王诃只好作罢。公元588年，河南王移兹衰卒，隋文帝命其弟树归袭位统领其部众。

公元591年，夸吕卒，子世伏继立汗位，派其兄之子无素入隋廷奉表称藩，贡献方物，并请求将世伏之女献给隋文帝为嫔，文帝未应允。第二年，文帝派遣使臣前往抚谕。公元596年，隋文帝将光化公主许配给世伏，以和亲巩固了双方日益友好的关系。公元597年，吐谷浑内部发生了争夺汗位的争斗，世伏被杀，众臣立其弟伏允为主，号步萨钵，遂遣使至隋廷报告，请求赦免擅自废立可汗之罪，要求承认伏允为可汗，并允许按其风俗娶光化公主为妻，文帝诏准。自此，每年朝贡不断。

隋炀帝即位，伏允派遣儿子顺入隋朝贡献。隋炀帝将顺留于京师。公元607年，铁勒寇扰隋朝边境，炀帝派遣将军冯孝慈出敦煌前去讨击，但出师不利。接着，铁勒又遣使至隋廷请罪，乞求归降，隋炀帝命裴矩前往抚慰，并劝说铁勒以讨击吐谷浑赎罪。铁勒率兵大败吐谷浑。伏允战败东走，入保西平境，并遣使入隋廷请降求救。但隋炀帝却派遣安德王杨雄出浇河，许公宇文述出西平，合围吐谷浑。当宇文述兵至临羌城时，伏允见隋军来势汹汹，不敢投降，率众向西而逃，宇文述引兵紧追不舍，攻拔了曼头、赤水二城，斩首兵卒三千余级，俘获其王公以下二百人，部落前来归降者有十余万口，六畜三十余万，伏允带领余部南奔雪山。

第二年四月，隋炀帝御驾亲征，出临津关，渡过黄河到达西平，伏允率众保卫覆袁川，隋炀帝则派内命史元寿南屯金山，兵部尚书段文振北屯雪山，太仆卿杨义臣东屯琵琶峡，将军张寿西屯驻泥岭，四面包围覆袁川。伏允以数十骑的兵力向外突围，并遣其名王诈称伏允，死保车我真山。炀帝又命诏右屯卫大将军张定和前往捕俘，张定和自认为伏允的兵卒甚少，又已在包围之中，轻敌冒进，不披甲即挺身登山，结果被吐谷浑伏兵射杀身亡。亚将柳武建见状奋力迎战，战败吐谷浑，其酋长仙头王走投无路，率男女十余万口归降隋军。六月，隋炀帝派遣光禄大夫梁默等追讨伏允，但被伏允袭杀。卫尉卿刘权出伊吾道攻打吐谷浑，全军顺利进至青海后，刘权率军乘胜追击，直捣伏俟城，伏允率数千骑逃往党项。

由此，吐谷浑故地从西平临羌城以西，且末以东，祁连山以南，雪山以北，东西长四千里，南北宽两千里，都归隋朝占有。隋在这一地区设置西海郡（郡府在伏俟城，相当于今青海湖西十五里地）、河源郡（设置在赤水、曼头二城，今青海兴海）、鄯善郡（即古楼兰，今新疆若羌）、且末郡（即古且末，今新疆且末）等，征国内罪人为戍卒，前往防守，诏令刘权镇守河源郡的积石镇。刘权在此处大开屯田，以抵御吐谷浑，开通西域之路。伏允逃走后，隋炀帝遂立顺为王，送出玉门关，令他统领吐谷浑余众，让大宝王尼洛周辅佐执政。但顺一行人马行至平西，其部下杀死了尼洛周，顺只好退回中原，居于江都。隋炀帝末年，农民起义的浪潮席卷全国，天下大乱，伏允乘机欲恢复其故地，屡次寇扰河右，西海等郡县均不能抵御。

公元618年，唐王朝建立。

唐朝建立后，吐谷浑顺自江都到长安归顺。唐初，隋朝河西大凉王李轨仍占据凉州。唐高祖李渊与吐谷浑伏允约和，且令其出兵攻击李轨以自效，并答应送其子顺归国，伏允引兵与李轨战于库门。其后，伏允请顺还，李渊遣归，号为大宁王。

公元626年，李世民即皇帝位，唐王朝开始走向强大。伏允表面上与唐和好，遣使朝贡，却又出兵攻打唐朝西边重镇鄯州。唐太宗遣使责之，且召伏允入朝，伏允称疾不至。伏允为其子请婚，观察唐太宗的态度。唐太宗答应了伏允的请求，但要其子到京师迎娶，其子亦称疾不至，且派兵攻打唐边镇岷川、凉州、鄯州等地。唐太宗怒，遣边将段志玄、李君羡率兵击打之，得牛羊两万匹而还。

贞观九年（635）正月，原已归附唐朝的党项又叛归吐谷浑。三月，洮州羌杀唐朝刺史孔长秀，也归入吐谷浑。吐谷浑成为唐西北边境最大的威胁。四月，唐太宗下令全面征讨吐谷浑，以李靖为西海道行军大总管，兵部尚书侯君集为积石道行军总管，任城王李道宗为鄯州道行军总管，凉州都督李大亮为且末道行军总管，岷州都督李道彦为赤水道行军总管，利州刺史高甑生为盐泽道行军总管，并联合突厥、契苾之众共同讨伐。诸将分道进击，连续作战，屡败吐谷浑，俘获伏允的心腹、颇有谋略的大将高昌王慕容孝隽。任城王李道宗败吐谷浑于库山，伏允纵火焚烧野草，轻兵遁入沙碛，李道宗等诸将领以为马无草，不可深入，侯君集则认为伏允一败之后，鼠逃鸟散，君臣携离，父子相失，虏取伏允兵卒易于拾芥，力主进军。李靖采纳其主张，分军两道，李靖与薛万钧、李大亮从北道进发，侯君集与任城王李道宗由南道而进。

李靖率部败吐谷浑于曼头山，斩其名王，大获杂畜，又乘胜再战，败伏允于牛心堆、赤水源。侯君集引兵行无人之境达二千余里，但天气骤然变化，盛夏降霜，在途经无水无草的破罗真谷时，军卒、马匹只能以冰为食，但士气仍很旺盛，在乌海追及伏允，大破其部，俘获其名王骁将。薛万钧、薛万彻兄弟率军在赤海大败吐谷浑国相天柱王所部，李大亮败吐谷浑军于蜀浑山，获其酋长二十人，杂畜数万，一直追至且末西境。伏允向西败走，准备渡突伦川，投奔于阗，但李靖的部将契苾何力选骁骑千余，直奔突伦川，在沙漠中追奔达数百里，因沙漠无水，将士只好刺马饮血，袭破伏允牙帐，而伏允却脱身逃逸。侯君集等率部进逾星宿川，至柏海与李靖全军会师。

李靖等几路军连败伏允后，其部众穷困忧愤，皆怨恨主张与唐为敌的宰相天柱王。大宁王顺应众心，杀死天柱王，举国向唐请降。此时，伏允率千余骑逃于碛中十余日，随从们弃而逃之，全军殆尽，伏允自缢身亡，国人乃立顺为可汗，向唐廷称臣内附。

三、吐谷浑的灭亡

伏允死后，李靖呈表报捷，唐太宗诏复其国，以伏允之子顺为西平郡王、趉故吕乌甘豆可汗。唐王担心顺不能服其部众，命李大亮带精兵数千驻于当地，以示声援。因甘豆可汗作为人质久居中原，长期脱离本部众，致使诸部不服，不久即为臣下所杀，其子燕王诺曷钵立。当时诺曷钵年幼，大臣争权，唐太宗诏大将军侯君集经营吐谷浑事宜，且封诺曷钵为河源郡王，号乌地也拔勒豆可汗。诺曷钵入朝称谢，唐太宗又将宗室女弘化公主许配给他。

公元650年，唐高宗以诺曷钵娶弘化公主，拜其为驸马都尉。同年十一月，公主与诺曷钵入长安。唐高宗又将宗室女金城公主许配给诺曷钵的长子苏度摸末，并拜为左领军卫大将军。

唐高宗在位时期，吐蕃日益强大。吐谷浑与吐蕃之间连年征战，互相攻伐不休，都上书唐王朝各诉曲直，请兵相助，但唐高宗坐山观虎斗, 意欲坐收渔人之利, 两不许可。

公元663年, 吐谷浑大臣素和贵因罪叛逃吐蕃, 告之以吐谷浑虚实, 吐蕃大军顺利进入吐谷浑境内, 在黄河边上击溃了吐谷浑的军队, 诺曷钵与弘化公主率数千人奔凉州。唐高宗派苏定方为安集大使, 评断两国曲直, 但吐蕃拒不退兵, 完全占领了吐谷浑故地, 吐谷浑国灭。

自西晋永嘉之际, 吐谷浑立国至国灭, 共计350年, 是鲜卑各族群中建立政权时间最长的族群。

灭国后的诺曷钵客居凉州。公元666年, 唐高宗封他为青海王, 诺曷钵请求内徙到凉州的南山一带, 高宗许之, 但唐朝群臣意见不一, 高宗未能决断。

公元670年, 唐高宗派遣大将薛仁贵讨伐吐蕃, 欲送诺曷钵回故地, 复其国。但是, 唐军在大非川被吐蕃打得大败, 高宗的打算化为乌有。

公元672年, 唐朝将吐谷浑迁徙到鄯州浩亹水 (今甘肃永登大通河) 以南, 但吐谷浑畏惧兵强马壮的吐蕃, 加之鄯州地区狭窄, 不安于在此地居住, 不久唐廷又将他们迁徙到灵州, 以其部落置安乐州, 命诺曷钵为刺史, 欲使吐谷浑部众能在此安居乐业。

公元688年, 诺曷钵卒, 子忠立; 忠死, 子宣超立。

公元700年三月, 唐朝以宣超为左豹韬员外大将军, 袭可汗号。吐谷浑余部徙凉、甘、肃、瓜、沙等州。唐宰相张锡建议将他们迁至秦、陇、丰、灵诸州之间。凉州都督郭元振则认为: 吐谷浑“弃吐蕃而来, 宜当循其情, 为之制也。当甘、肃、瓜、沙降者, 即其所置之, 因所投而居, 情易安, 磔数州则势自分。顺其情, 分其势, 不扰于人可谓善夺戎心者也。岁遣镇遏使者与宣超兄弟抚护之，无令相侵夺，生业固矣"（《新唐书·西域传上·吐谷浑》）。武则天下诏令，按其建议安置吐谷浑余众。

宣超死，子曦皓立，曦皓死，子兆立，直到贞元年间慕容复立。

公元798年，唐朝册封慕容复为朔方节度副使、左金吾大将军，承袭安乐州都督、青海国王、乌地也拔勤豆可汗。未过几年，慕容复卒，从此，唐对吐谷浑的封袭也随之断绝。

后来，吐蕃再次攻占灵州，唐王朝将吐谷浑残部迁至朔方、河东一带（今内蒙古河套与山西北部），被称为"退浑"或"吐浑"。迁徙到朔方及河东的鲜卑吐谷浑部余种的最后消亡，仍然经历了很长时间，曾有学者从事专门搜讨，在此不再详述。[1]大体上，吐谷浑在五代时，散处于蔚州等地，曾附属于沙陀李氏，后又隶属于后晋石氏。燕云地区割让给契丹后，吐谷浑又受契丹役属。吐谷浑本身因其汉化的程度不同，在五代时有生、熟之分，其后世则逐渐融合于汉族或其他民族中。自公元1043年之后，史书上再也没有关于吐谷浑的文字记载了。

①管芙蓉、吕向阳：《鲜卑族源流》，山西人民出版社2018年版，第227—229页。

余响

汇入盛唐

陈寅恪先生在考察隋唐制度的来源时,说过如下一段话:

> 隋唐之制度虽极广博纷复,然究析其因素,不出三源:一曰(北)魏、(北)齐,二曰梁陈,三曰(西)魏、周。[①]

从陈寅恪的论述来看,隋唐制度实际与鲜卑各族的制度之间有着千丝万缕的关系。当然,陈寅恪先生所说的制度,包括了礼仪、职官、刑律、音乐、兵制、财政等诸多内容,实际上已经涵盖了隋唐文化的各个方面。因此,一部《隋唐制度渊源略论稿》,实际上就是一部隋唐文化史。在这样的意义上,当我们审视隋唐文化尤其是盛唐文化时,很难回避鲜卑文化这一话题。

从文化互补和文化激发的高度,陈寅恪曾说:

> 李唐一族之所以崛兴,盖取塞外野蛮精悍之血,注入中原文化颓废之躯,旧染既除,新机重启,扩大恢张,遂能别创空前之世局。

在陈寅恪看来,中原文化与鲜卑文化的结合,野蛮精悍与文明理性的结合,孕育了生机勃勃的盛唐文化。

这一论述是深刻的。

实际上,陈寅恪的论断与西方学者有关文化的论述有异曲同工之妙。

---

① 陈寅恪:《隋唐制度渊源略论稿 唐代政治史述论稿》,商务印书馆2011年版,第3页。

德国学者尼采在其《悲剧的诞生》一书中认为，古希腊文化的璀璨光芒是"酒神精神"与"日神精神"融合的结果，"酒神精神"实际上就是非理性的代名词，"日神精神"即是理性的第二化身。在英国学者汤因比的《历史研究》一书中，他以挑战—应战的模式来论述世界所有文明的产生和灭亡过程。汤因比认为，文化是通过对环境的"挑战"的"应战"所遭受的考验而产生的；文化的衰落来自少数创造者丧失了创造能力，多数人相应地不再支持与模仿，整个社会失去了新的应战能力，如果它要重新复兴，那么它必须要接受外来力量的"挑战"，从而激起内在的活力。如果将陈寅恪有关盛唐文化的论断与上述西方学者的结论比较一下，我们立刻会发现它们之间惊人的一致性。鲜卑文化的"野蛮精悍之血"对"文化颓废之躯"构成了挑战，以其非理性的野蛮的精神补充了中原文化过于严整的理性布局，从而促进了盛唐文化的诞生。

李唐统治者一直认为自己是鲜卑贵族的后裔。他们在追溯自己祖先的历史时说：

> 高祖神尧大圣大光孝皇帝讳渊，字叔德，姓李氏，陇西成纪人也。其七世祖暠，当晋末，据秦、凉以自王，是为凉武昭王。暠生歆……歆生重耳……熙生天赐……天赐生虎……周闵帝受魏禅，虎已卒，乃追录其功，封唐国公，谥曰襄。襄公生昞，袭封唐公，周安州总管、柱国大将军，卒，谥曰仁。仁公生高祖于长安。（《新唐书·高祖本纪》）

根据《旧唐书·高祖本纪》以及《魏书·李宝传》的相关表述，

参以学者的研究，可得如下谱系①：

李暠 ── 李歆 ── 李宝 ── 李冲

李暠 ── 李歆 ── 李重耳 ── 李熙 ── 李天赐 ── 李虎 ── 李昞 ── 李渊 ── 李世民

李唐的祖源为西凉王李暠。西凉王李暠共有十个儿子，其中李歆是西凉后主，是李唐皇室的祖先。李冲在北魏太和年间，地位十分显贵，他们一系贵为陇西望族，李熙与李冲同辈，当然门第也非同寻常。由此，李唐王朝将自己的血统追溯到前代鲜卑望族。当然，后来陈寅恪综合考证史料后认为，李唐史书中对其世系的追溯，显然带有伪造的成分，但这也充分说明了鲜卑族群在李唐统治者心目中的地位。

虽然说李唐皇帝未必是纯粹的鲜卑一族，但是其皇室成员具有明显的鲜卑人血统。

李渊的母亲独孤氏，是拓跋鲜卑独孤信的女儿。

独孤信，云中人，本名独孤如愿。北魏初年有四十六部，他的祖先伏留屯是部落大人，和北魏同时崛起。祖父俟尼，北魏和平年间，以贵族子弟身份自云中郡来镇守武川，因此就在武川定居了。父亲库者，为领民酋长。独孤信仪容俊美，善于骑马射箭，北魏孝武帝时，曾追随其西迁。北魏分裂为东、西魏后，独孤信归属西魏，因战功受封八大柱国之一。

独孤信生有六子七女，长女嫁给了北周明帝，第四女嫁给了北

---

① 王桐龄：《中国民族史》，江苏教育出版社2018年版，第266页。

周唐国公李昞，第七女嫁给了隋文帝。其中第四女所嫁的李昞，就是李渊的父亲，后被追封为元贞太后。《北史·独孤信传》说：

> 信长女周明敬后，第四女元贞后，第七女隋文献后。周、隋及皇家三代皆为外戚，自古以来，未之有也。

从这一点来看，李唐皇帝的母系一脉的确是非常辉煌的，身上流淌着鲜卑族的血液。

另外，李世民的外祖父窦毅，是北周上柱国，源出鲜卑纥豆陵氏，其外祖母宇文氏，源出鲜卑宇文氏。李世民的母亲窦氏、皇后长孙氏，也都是鲜卑后裔。故此，唐高宗李治承袭鲜卑血统近四分之三，承袭汉族血统仅四分之一。[①]

李唐王朝似乎也没有忘记自己的鲜卑血脉，李世民的弟弟李元吉小名"三胡"，而李世民的太子李承乾"常命户奴数十百人专习伎乐，学胡人椎髻，翦彩为舞衣，寻橦跳剑，昼夜不绝"（《旧唐书·太宗诸子传》），一心向往游牧民族的生活：

> 辫发羊裘而牧羊，作五狼头纛及幡旗，设穹庐，太子自处其中，敛羊而烹之，抽佩刀割肉相啖，……曰："一朝有天下，当帅数万骑猎于金城西。"（《资治通鉴·唐纪十二》）

李承乾一生最大的愿望，就是效法游牧民族游猎于金城之西。

---

①王桐龄：《中国民族史》，江苏教育出版社2018年版，第260页。

或许正是李唐王朝的鲜卑血统，造就了唐朝文化的开放态度，鲜卑文化深度地融入了唐文化，最终形成了所谓的"盛唐气象"。

鲜卑文化的精华成了汉文化的一部分，在一定程度上使汉文化鲜卑化或胡化了。

拓跋鲜卑创立的北魏对文化追求的主要表现，首先是主动靠近并吸纳汉族文化，积极提倡儒、释、道的结合；其次是重视对外来文化的吸收，主要是对佛教的传播，在音乐、建筑等方面为中华文明注入了新鲜的血液，丰富了其内涵，平添了斑斓炫目的异彩，这都间接影响了唐代的佛像造像艺术和佛教的传播。在艺术上创造了云冈石刻，魏碑体书法，以及像《敕勒歌》《木兰辞》这样的《乐府诗集》，影响了唐代的石窟艺术和文学艺术的发展。还有贾思勰的《齐民要术》、杨炫之的《洛阳伽蓝记》、郦道元的《水经注》等不朽的学术经典，对后世也都影响深远。

鲜卑族本身也在文化融合中竞显风流。北魏元氏家族，尽管经历了尔朱荣之乱，东、西魏分裂等屡次内乱、战祸和天灾，但依然子孙繁衍，名人辈出，特别是在中国文化史上留下了几位杰出人物。在唐朝，见记载的就有神童元希声，北门学士元万顷，名士元德秀、元集虚，学者元行冲等。特别是在唐代，著名诗人元结、元稹，元稹与白居易齐名而并称"元白"。

最为重要的是，鲜卑文化塑造了盛唐文化的开放性品质。唐太宗说："自古皆贵中华，贱夷狄，朕独爱之如一。"有唐一代，许多"胡俗"都在中国浸染成习，显示出海纳百川的胸襟气度。

在服饰和音乐方面，唐代有所谓"胡服""胡乐"之说。

贞观中，有男子"胡着汉帽，汉着胡帽"的情况；开元以来，

"太常乐尚胡曲，贵人御馔尽供胡食，士女竞衣胡服"（《旧唐书·舆服志》）。据研究，唐初的贵族妇女在骑马时仍按隋朝旧制，使用吐谷浑部落所用的"幂䍦"，这是一种将帽和面纱连接在一起的服饰，它仿自波斯妇女所穿的大衫和大帽帔，可以避免路途中行人的窥视。高宗永徽年间，在长安的贵族妇女间，又时兴帷帽，拖裙到颈，较为浅露。帷帽起自吐谷浑的长裙缯帽、吐火罗的长裙帽，周围垂网。至开元年间贵族妇女流行戴胡帽后，"从驾宫人骑马者，皆着胡帽，靓妆露面，无复障蔽。士庶之家，又相仿效，帷帽之制，绝不行用。俄又露髻驰骋，或有着丈夫衣服靴衫，而尊卑内外，斯一贯矣"（《旧唐书·舆服志》）。当时胡帽有多种，有波斯白皮帽，有虚顶织成的蕃帽，有卷檐虚帽。中唐以后，一些宫女甚至还兴"回鹘装"，时有"回鹘衣装回鹘马，就中偏称小腰身"（《全唐诗·花蕊夫人徐氏·宫词》）的描写。此外，唐代妇女化妆，亦受胡人影响而使用"胡粉"。开元、天宝（742—756）之际，长安、洛阳时尚胡化，以致"女为胡妇学胡妆，伎进胡音务胡乐"（《元稹集·乐府·和李校书新题乐府十二首·法曲》）。

在饮食方面，唐代有所谓"胡食"。

惠琳《一切经音义》卷三十七："胡食者即饆饠、烧饼、胡饼、搭纳等是。"（参见民国黄濬《花随人圣庵摭忆》）饆饠（毕罗）就是今天新疆所谓手抓饭，来自印度的 pialau 或 pilow。胡饼，又名麻饼、炉饼，类似于今日的烧饼，是用面粉加置羊肉等不同馅儿放入炉中烧烤而成。日本圆仁大师入唐求法（841）在长安还见到，他说："时行胡饼，俗家皆然"（参见民国黄濬《花随人圣庵摭忆》）。搭纳是何种食物尚有待考证。除胡食以外，唐代尚有"胡酒"。长安的西域胡人多经营酒肆及饼店,居住于长安西市和春明门至曲江池一带。胡人所卖西域名酒,有高昌酒,波斯的龙膏酒、三勒浆等,俱为时人称美。高昌酒是一种西域的葡萄酒。"龙膏酒",据唐苏鹗《杜阳杂编》记载:"顺宗时,处士伊祈元召入宫,饮龙膏酒,黑如纯漆,饮之令人神爽,此本乌弋山离国所献。""三勒浆",据李肇《国史补》记载:"又有三勒浆类,酒法出波斯。三勒者,为庵摩勒、毗梨勒、诃梨勒。"庵摩勒即余甘子、油柑,波斯语作amola;毗梨勒,波斯语作balila;诃梨勒,波斯语作halila,其皮可治咳嗽,其肉可治眼痛。这些胡人酒肆皆以胡地少女当垆,招待客人,有的还能歌善舞,诗人每形之吟咏。如李白《送裴十八图南归嵩山》诗:"何处可为别?长安青绮门。胡姬招素手,延客醉金尊。"唐段成式《酉阳杂俎》续集亦记载:"天宝中,进士有东西棚,各有声势。稍伧者,多会于酒楼食饆饠。"

再如在婚俗方面,唐代妇女对婚姻不似历代汉家封建王朝有"三从四德"的约束。受北方民族"妇贞而女淫"风俗的影响,唐代对女子婚前的贞节问题也不是很重视。像崔莺莺那样,在婚前已经与他人发生过性关系,而且其故事还被前男友写成广为流传的事,若是换作其他朝代,恐怕很难不受歧视地嫁出去,其丈夫也绝不会允许元稹来登门拜访的。由此我们可以看出唐代社会风气的确与众不同。

由此看来,"盛唐气象"元气淋漓,充满了勃勃生气。在"盛唐气象"的背后,其实潜藏着鲜卑民族的身影,鲜卑民族的游牧习性赋予了他们豪迈、包容、开放的性格,而这一切都融入盛唐的文化血液,鲜卑文化由此汇入盛唐。

附录

魏晋南北朝大事年表

220年（魏黄初元年）

正月，曹操死，曹丕袭爵，嗣为丞相。

十月，曹丕称帝，是为魏文帝。废汉献帝为山阳公，汉亡。国号魏，都洛阳。

魏吏部尚书陈群制定九品中正制。

221年（蜀章武元年）

刘备称帝，是为汉昭烈帝。国号汉，都成都。

刘备率兵东进，攻孙权。夷陵之战爆发。

223年（蜀章武三年）

刘备死，太子刘禅继位，是为蜀后主。

226年（魏黄初七年）

魏文帝曹丕死，太子曹叡继位，是为魏明帝。

229年（吴黄龙元年）

吴王孙权称帝，是为吴大帝。国号吴，都建业。

234年（蜀建兴十二年）

诸葛亮卒于五丈原，司马懿取得对蜀战争的巨大胜利。

239年（魏景初三年）

魏明帝曹叡死，齐王芳即帝位，太尉司马懿、宗室曹爽辅政。

249年（魏嘉平元年）

司马懿发动高平陵政变，杀曹爽集团，遂专魏政。

252年（吴太元二年）

孙权死，太子孙亮即位。

254年（魏嘉平六年）

司马师废曹芳，立高贵乡公曹髦。

258年（吴太平三年）

吴丞相孙綝废孙亮为会稽王，立孙休，是为吴景帝。孙休杀孙綝。

260年（魏甘露五年）

曹髦率军讨司马昭失败被杀，司马昭立曹奂为帝，是为魏元帝。

263年（魏景元四年）

司马昭命邓艾、钟会攻蜀，后主刘禅降，蜀亡。

264年（吴永安七年）

吴景帝孙休死，孙皓立。

265年（晋泰始元年）

八月，司马昭死，子司马炎继相国、晋王位。

十二月，司马炎废魏主称帝，是为晋武帝。国号晋，都洛阳，史称西晋。

280年（晋太康元年）

晋灭吴，统一全国。从太康元年到太康十年的十年被艳称为"太康繁荣"。

290年（永熙元年）

晋武帝司马炎死，晋惠帝司马衷立。晋武帝杨皇后父杨骏辅政。

291年（元康元年）

皇后贾南风杀杨骏，又杀汝南王司马亮及楚王司马玮；八王之乱开始。

300年（永康元年）

赵王司马伦杀贾南风。

301年（永康二年）

赵王伦废惠帝自立，齐王司马冏等起兵杀伦，惠帝复位。司马专政。

304年（永安元年）

匈奴刘渊在左国城即汉王位，建国号曰汉。十六国开始。

河间王司马颙逼晋惠帝西迁长安。

306年（永兴三年）

东海王司马越部队挟晋惠帝还洛阳。

晋惠帝中毒而死，弟司马炽继位，是为晋怀帝。八王之乱结束。

307年（永嘉元年）

琅琊王司马睿出任安东将军、都督扬州诸军事，和王导等人迁徙建邺。此后大批中原官民迁徙南方，史称"永嘉南渡"。

310年（永嘉四年）

刘渊死，太子刘和继位。刘聪杀刘和自立。

311年（永嘉五年）

刘曜攻下洛阳，杀吏民三万余人，挟晋怀帝至平阳。史称"永嘉之祸"。

313年（永嘉七年）

刘聪杀怀帝，秦王司马邺在长安即位，是为晋愍帝。

316年（建兴四年）

刘曜进兵关中，愍帝降，被送至平阳，西晋亡。

317年（建武元年）

琅琊王司马睿即晋王位，史称东晋。

祖逖北伐，陆续恢复河南地区。

318年（太兴元年）

晋王司马睿称帝，是为晋元帝。建都建康。

刘聪病死，太子刘粲继位，旋为靳准所杀，汉亡。刘曜发兵攻靳准，自立为皇帝。

319年（太兴二年）

刘曜徙都长安，改国号赵，史称前赵。

石勒自称赵王，定都襄国，史称后赵。

322年（永昌元年）

王敦起兵武昌，攻入建康，还屯武昌，遥制朝政。

晋元帝司马睿忧愤而死，晋明帝司马绍继位。

324年（太宁二年）

晋明帝司马绍下令讨伐王敦，王敦攻建康，旋病亡，兵众溃散。

325年（太宁三年）

晋明帝司马绍病死，太子司马衍继位，是为晋成帝。外戚庾亮掌权。

329年（咸和四年）

后赵出兵攻占上邽，杀太子刘熙，前赵亡。

330年（咸和五年）

后赵石勒称帝。

333年（咸和八年）

夏，石勒病死，太子石弘继位。石虎掌握后赵实权，第二年废石弘，自称天王。

337年（咸康三年）

鲜卑慕容皝称燕王，建燕国，史称前燕。

338年（咸康四年）

鲜卑拓跋什翼犍继代王位，建代，定法律。

342年（咸康八年）

晋成帝司马衍病死，同母弟司马岳继位，是为晋康帝。

344年（建元二年）

晋康帝司马岳死，其子司马聃继位，是为晋穆帝。

349年（永和五年）

后赵石虎死。北方大乱。

350年（永和六年）

冉闵灭后赵，自立为帝，国号大魏，史称冉魏。华北民族大仇杀。

351年（永和七年）

苻健在长安称天王、大单于，国号大秦，史称前秦。

352年（永和八年）

前燕慕容儁灭冉魏，遂在蓟称帝。

354年（永和十年）

桓温北伐前秦，军至灞上，逼近长安，后主动退兵。

356年（永和十二年）

桓温第二次北伐，入洛阳，留兵戍守而还。

357年（升平元年）

前秦苻坚通过政变上台，称大秦天王，汉人王猛辅政。

360年（升平四年）

前燕慕容儁病死，太子慕容暐继位。

361年（升平五年）

晋穆帝司马聃病逝，堂兄司马丕继位，是为晋哀帝。

365年（兴宁三年）

晋哀帝司马丕中毒而死，其弟司马奕继位，是为晋废帝。

369年（太和四年）

桓温率军五万北伐前燕，至枋头粮尽，撤退，大败。

370年（太和五年）

前秦灭前燕。

371年（咸安元年）

桓温废黜司马奕为海西公，改立司马昱为帝，是为简文帝。

373年（宁康元年）

简文帝死，谢安等人拥戴司马曜即位，是为孝武帝。

桓温引兵入朝，在新亭为谢安阻止，夏天病死。

383年（太元八年）

晋秦淝水之战，前秦大败，内部分崩离析。

384年（太元九年）

鲜卑慕容垂称燕王，后燕开始。

慕容泓称济北王，建立西燕。

羌族姚苌在渭北起兵，称万年秦王，史称后秦。

385年（太元十年）

西燕慕容冲称帝，入长安。

前秦苻坚被后秦姚苌缢死在新平佛寺。

386年（太元十一年）

鲜卑拓跋珪称代王，都盛乐，改称魏，北魏开始。

后秦姚苌入长安，称帝。

394年（太元十九年）

后燕慕容垂攻破长子，杀慕容永，西燕亡。

前秦苻登为后秦姚兴所杀，前秦亡。

395年（太元二十年）

北魏在参合陂大败后燕。

396年（太元二十一年）

孝武帝司马曜遇害，司马道子扶持司马德宗为帝，是为晋安帝。

398年（隆安二年）

南方桓玄、殷仲堪、杨佺期三人结盟对抗朝廷，桓玄被推为盟主。

慕容德自立为燕王，史称南燕。

398年（北魏天兴元年）

鲜卑族拓跋珪迁都平城，称帝，是为魏道武帝。

399年（隆安三年）

东晋征发浙东诸郡免奴为客者为兵，引起反对，孙恩起义爆发。

名僧法显从长安出发，西行往天竺求经。

401年（隆安五年）

后秦姚兴迎名僧鸠摩罗什至长安。

孙恩起义军逼近东晋首都建康，为刘裕等人所败。

402年（元兴元年）

正月，司马元显讨伐桓玄。桓玄攻破建康，司马道子、司马元显父子势力被铲除。

孙恩攻临海，败死。妹夫卢循继统其众。

403年（元兴二年）

桓玄废晋安帝，自称帝，国号楚。

404年（元兴三年）

刘裕自京口起兵讨桓玄，桓玄挟安帝还江陵，后败死。

卢循攻陷番禺,第二年接受东晋的任命,出任广州刺史。

407年(义熙三年)

赫连勃勃称大夏天王,夏政权开始。

后燕将领冯跋杀君主慕容熙,后燕亡,北燕建立。

410年(义熙六年)

刘裕北伐,南燕亡。

411年(义熙七年)

卢循进逼建康,为刘裕所败。卢循败死。至此,孙恩、卢循起义结束。

416年(义熙十二年)

二月,后秦姚兴去世,姚泓继位。

417年(义熙十三年)

刘裕北伐入长安,姚泓投降,后秦亡。

418年(义熙十四年)

赫连勃勃攻陷长安,称帝。

420年(宋永初元年)

刘裕废晋恭帝自立,国号宋,史称刘宋,刘裕就是宋武帝。南朝开始。

422年(宋永初三年,北魏泰常七年)

宋武帝刘裕病逝,太子刘义符继位,是为宋少帝。

423年(北魏泰常八年)

北魏拓跋焘登基,史称太武帝。

太武帝信用道士寇谦之,于平城起天师道场,道教大盛。

424年(宋景平二年)

宋少帝遭废杀,刘义隆继位,是为宋文帝。

426年(宋元嘉三年)

宋文帝诛杀权臣徐羡之、傅亮。谢晦据荆州造反,兵败而死。

431年(北魏神麚四年)

大夏灭西秦,北魏攻夏,夏主赫连定西迁,为吐谷浑所俘送魏,夏亡。

439年(北魏太延五年)

太武帝拓跋焘灭北凉,基本统一北方,十六国结束北朝开始。南北朝对峙局面形成。

446年(北魏太平真君七年)

太武帝禁佛教,毁经像、塔寺,坑杀僧人。

449年(北魏太平真君十年)

太武帝大破柔然,收人户畜产百余万。柔然从此衰落。

450年(宋元嘉二十七年,北魏太平真君十一年)

刘宋王朝几乎倾尽全国之力发动元嘉北伐,战败。

453年(宋元嘉三十年)

太子刘劭杀宋文帝自立。刘骏起兵攻杀刘劭,被拥戴为孝武帝。

464年(宋大明八年)

宋孝武帝死。太子刘子业即位,是为前废帝。

465年(北魏和平六年,宋泰始元年)

魏献文帝拓跋弘即位,年仅十二岁,丞相乙浑专权。

南宋湘东王刘彧等杀废帝。刘彧即位,是为明帝。

466年(北魏天安元年)

冯太后临朝称制,立郡学,置博士、助教、生员。

471年（北魏皇兴五年，宋泰始七年）

北魏献文帝喜佛道，传位于太子拓跋宏。拓跋宏即位，是为孝文帝。

472年（宋泰豫元年）

宋明帝死。太子刘昱即位，是为后废帝。

477年（宋元徽五年）

后废帝刘昱被杀，刘准继位，是为宋顺帝。

479年（齐建元元年）

萧道成迫宋顺帝禅位，宋亡。萧道成称帝，国号齐，是为齐高帝。

482年（齐建元四年）

齐高帝死，太子萧赜即位，是为齐武帝。

485年（北魏太和九年）

北魏颁行均田制。

486年（北魏太和十年）

北魏改宗主督护为三长制。

493年（北魏太和十七年）

孝文帝借口南征，率军迁往洛阳。

494年（北魏太和十八年）

北魏朝廷正式从平城迁都洛阳。孝文帝诏禁士民胡服，开始大规模汉化。

501年（齐永元三年）

齐南康王萧宝融在江陵即位，是为齐和帝。

萧衍攻入建康，东昏侯萧宝卷被杀。

502年（梁天监元年）

萧衍为梁公、梁王，杀齐明帝诸子。萧衍推翻齐朝称帝，国号梁，是为梁武帝。

505年（梁天监四年）

十月，梁武帝任命临川王萧宏统领大军北伐。第二年大败而返。

515年（北魏延昌四年）

北魏孝明帝元诩立，胡太后临朝称制。

516年（梁天监十五年）

梁筑浮山堰城，引淮水灌寿阳。秋，堰坏，沿淮城戍村落十余万口漂流入海。

520年（北魏神龟三年）

元叉、刘腾发动政变，杀死清河王元怿，幽禁胡太后。

523年（北魏正光四年）

北魏怀荒镇民起义。破六韩拔陵率沃野镇兵民起义，杀镇将。六镇起义开始。

525年（北魏正光六年，南梁普通六年）

胡太后发动政变，诛杀元叉，重新掌权。

528年（北魏武泰元年）

胡太后毒杀元诩，并扶持小皇帝元钊。

尔朱荣起兵，杀胡太后及元钊，并在河阴屠戮文武百官，史称"河阴之变"。

尔朱荣在邺城大败葛荣，降服百万起义军。葛荣遇害。

529年（梁中大通元年）

北魏北海王元颢在梁军扶持下称帝。梁军一度攻克洛阳，旋即被尔朱荣大败。元颢被杀。

530年（北魏永安三年）

元子攸杀尔朱荣，尔朱荣余党攻陷洛阳，杀元子攸。

尔朱家族先拥立元晔为帝，后又逼元晔禅位给元恭。

531年（北魏普泰元年）

大将高欢起兵讨尔朱氏，立元朗为帝。

532年（北魏普泰二年）

高欢废元恭及元朗，立元修为帝，自为大丞相。元修就是孝武帝。

534年（北魏永熙三年）

高欢举兵向洛阳，孝武帝奔关中，依附大将宇文泰。

高欢立元善见为帝，是为孝静帝，迁都于邺。北魏分裂为东、西魏。

闰十二月，宇文泰毒杀孝武帝，立元宝炬为帝，是为西魏文帝，都长安。

537年（西魏大统三年）

宇文泰在沙苑大败高欢，史称"沙苑之战"。

538年（西魏大统四年）

东魏与西魏在洛阳周边大战，史称"河桥山之战"或"河阴之战"。

541年（西魏大统七年）

西魏宇文泰在苏绰、卢辩等人相助下开始改革。

543年（西魏大统九年，东魏武定元年）

西魏与东魏在河桥、邙山地区再次大战，史称"邙山之战"。

547年（东魏武定五年）

东魏高欢死,子高澄嗣位。孝静帝被高澄幽禁。

侯景叛乱,割据河南,同时"归降"西魏和南梁。南梁出兵支援侯景,西魏出兵蚕食河南州县。

548年(梁太清二年)

南方爆发侯景之乱。侯景于寿阳起兵反梁,渡江直入建康,围台城。

549年(梁太清三年)

侯景陷台城,梁武帝萧衍死,侯景立萧纲为帝,是为简文帝。

550年(北齐天保元年,西魏大统十六年,南梁大宝元年)

高洋废东魏孝静帝,自立为帝,国号齐都邺,史称北齐。高洋就是齐文宣帝。

西魏宇文泰创立府兵制。

551年(梁大宝二年)

侯景废简文帝,立萧栋,很快又废栋自立,国号汉。

552年(梁承圣元年)

王僧辩、陈霸先克建康,侯景东逃。

萧绎在江陵即位,是为梁元帝,向西魏称臣。

554年(西魏恭帝元年)

西魏陷江陵,梁元帝萧绎被杀。

555年(梁绍泰元年)

萧詧在江陵称帝,称藩西魏,史称后梁。这是西魏的傀儡政权。

北齐强迫王僧辩在建康拥戴萧渊明为帝。陈霸先起兵杀死王僧。萧渊明退位。

陈霸先拥戴萧方智登基,萧方智就是梁敬帝。

556年（西魏恭帝三年，梁太平元年）

陈霸先大败南侵的齐军。

宇文泰死，世子宇文觉嗣、侄宇文护统理军国事。

岁末，宇文护迫魏恭帝禅位给宇文觉，西魏亡。

557年（北周孝闵帝元年，梁太平二年）

宇文觉称天王，是为孝闵帝，北周建国。

宇文护废宇文觉，立宇文毓为天王，是为明帝。

陈霸先代梁称帝，国号陈，是为陈武帝。

559年（陈永定三年，齐天保十年）

陈霸先病逝，侄子陈蒨继位，是为陈文帝。

高洋病死，长子高殷继位。

560年（北周武成二年，北齐乾明元年）

宇文护废明帝，立宇文邕为帝，是为周武帝。

高殷被废为济南王，叔叔高演即位，是为孝昭帝。

561年（北齐皇建二年）

高演病逝，传位九弟高湛，是为武成帝。

565年（北齐河清四年）

高湛传位于太子高纬，自为太上皇帝。高纬就是齐后主。

566年（陈天康元年）

陈文帝逝世，长子陈伯宗即位，是为废帝。

568年（陈光大二年）

陈伯宗被废为临海王，叔叔陈顼即位，是为陈宣帝。

574年（北周建德三年）

周武帝宇文邕禁佛、道两教，毁弃经像，强令和尚、道士还俗。

576年（北周建德五年）

周武帝率兵攻齐，在平阳打垮齐军主力。周军攻破晋阳。

577年（北周建德六年）

周军攻破北齐首都邺城。北齐灭亡。

578年（北周建德七年）

周武帝死，太子宇文赟继位，是为宣帝。

579年（北周大成元年）

周宣帝传位于太子宇文阐，是为静帝。

581年（隋开皇元年）

杨坚接受宇文阐禅位，建立隋朝，年号开皇。杨坚就是隋文帝。

582年（陈太建十四年）

陈宣帝死，陈叔宝继位，是为陈后主。

587年（隋开皇七年）

杨坚征召西梁皇帝萧琮入朝。西梁灭亡。

588年（隋开皇八年）

三月，隋文帝杨坚任命杨广为主帅伐陈，统一战争开始。

589年（隋开皇九年）

正月，隋军攻破建康，陈叔宝投降。陈朝灭亡。